Rés. 41648

Livraison N° 1 1236e du Cours de Construction Prix : 50 centimes.

ENCYCLOPÉDIE THÉORIQUE & PRATIQUE DES CONNAISSANCES CIVILES & MILITAIRES

(Publiée sous le patronage de la Réunion des officiers)

PARTIE CIVILE

COURS DE CONSTRUCTION

Publié sous la direction de

G. OSLET, INGÉNIEUR DES ARTS ET MANUFACTURES

DIX-HUITIÈME PARTIE

MÉTRÉ ET ATTACHEMENTS

DE

TERRASSE, MAÇONNERIES, CARRELAGE & CIMENTS

(Supplément au *TRAITÉ DE FONDATIONS, MORTIERS, MAÇONNERIES*)

PAR

E. MOUREL-MAILLARD

Métreur spécialiste, Attacheur,

PARIS

GEORGES FANCHON, ÉDITEUR

25, RUE DE GRENELLE, 25

Droits de traduction et de reproduction réservés

4° V 1223 (6, XVIII, 1)

Exposition Internationale du Livre : PARIS 1894. MÉDAILLE D'ARGENT

TRAITÉ DES ROUTES, RIVIÈRES & CANAUX

NEUVIÈME PARTIE DU COURS DE CONSTRUCTION

PAR

P. BERTHOT

Ingénieur des Arts et Manufactures. — Membre et lauréat de la Société des Ingénieurs civils de France. — Ancien Ingénieur de la province de Céara (Brésil). — Ingénieur en chef de l'Exposition Française à Moscou, en 1891.

PROGRAMME SOMMAIRE

AVANT-PROPOS

PREMIÈRE PARTIE. — ROUTES

CHAPITRE PREMIER

Définitions générales et classement.

HISTORIQUE

Les routes chez les Babyloniens, les Carthaginois, les Grecs et les Romains. — Leur importance chez ce dernier peuple, leur tracé, leur construction. — Chaussées de Brunehaut. — Des routes sous Henri IV, sous Louis XIV. — De la corvée, du péage. — De la prestation. — État actuel.

DES ROUTES DANS LES PAYS ÉTRANGERS

Routes en Angleterre, aux États-Unis, en Autriche, en Belgique, en Russie, en Suède, en Italie, en Espagne et en Allemagne.

CHAPITRE II

DU TRACÉ D'UNE ROUTE, PROFIL EN LONG

Premier cas. — *On possède une carte avec courbes de niveau.* — Limite de pente. — Méthode de Durand-Claye. — Considérations politiques et commerciales. — Projet de rectification. — Raccordements.

Deuxième cas. — *On possède une carte sans courbes de niveau.* — Procédés pour limiter les recherches sur le terrain.

Troisième cas. — *Il n'existe pas de cartes.* — Levé complet du terrain. — Description sommaire des procédés à employer. — Orientation de la route. — Détermination de la déclinaison de la boussole. — Détermination de la latitude et de la longitude. — Des mesures approchées et des calculs qui en résultent.

CHAPITRE III

PROFILS EN TRAVERS

Leur forme. — Bombements. — Accotements. — Gares. — Types de profils en travers. — Le choix est déterminé par la nature des matériaux à disposition et par le coefficient de traction.

CHAPITRE IV

EXPÉRIENCES SUR LE TIRAGE DES VOITURES

Le général Morin et Dupuit. — Influence du diamètre et de la largeur du bandage des roues. — Des flaches. — Des pentes et rampes.

CHAPITRE V

ÉTUDE DU PROJET DÉFINITIF

Évaluation des déblais et des remblais. — Méthode approchée. — Méthode exacte. — Équilibre des remblais et des déblais. — Évaluation des transports. — Moyens en usage pour les effectuer.

CHAPITRE VI

INFRASTRUCTURE

Établissement du profil en long. — De la forme. — Généralités sur les chaussées dallées, pavées, empierrées, en bois, en fascinage, en bitume comprimé. — Tramways.

CHAPITRE VII

CONSTRUCTION DES CHAUSSÉES

CHAUSSÉES DALLÉES

Procédés employés.

CHAUSSÉES PAVÉES

Des pavés, de leur fabrication, de leur durée. — Du sable. — Construction d'un chemin pavé. — Prix de revient.

CHAUSSÉES EMPIERRÉES

Choix des matériaux. — De leur liaison. — De leur préparation. — Machines à casser les pierres. — Rouleaux compresseurs. — Prix de revient.

CHAUSSÉES EN BOIS

Différents systèmes employés. — Choix et préparation du bois. — Infrastructure. — Pose. — Durée. — Prix de revient.

CHAUSSÉES EN FASCINAGE

Dans quels cas on doit y avoir recours. — Fabrication de fascines. — Prix de revient.

CHAUSSÉES EN BITUME COMPRIMÉ

Infrastructure. — Bitumage. — Trottoirs. — Bordures. — Prix de revient.

CHAPITRE VIII

TRAVAUX ACCESSOIRES

Ponts et ponceaux. — Aqueducs. — Bouches d'égout. — Fossés. — Plantations.

CHAPITRE IX

ENTRETIEN DES CHAUSSÉES PAVÉES ET EMPIERRÉES

Relevages à bout. — Autres modes. — Des chaussées empierrées. — Méthode du point à temps. — Balayage à outrance. — Emploi. — Béton. — Entretien par rechargements généraux. — Cylindrage. — Usure. — Machines à balayer. — Arrosage, arrosage chimique. — Frais d'entretien. — Comparaison des différents systèmes.

CHAUSSÉES EN BOIS

Entretien. — Réparations. — Frais d'entretien.

CHAPITRE X

Coup d'œil sur la législation des routes depuis les temps anciens jusqu'à nos jours. — Législation actuelle. — Décret d'utilité publique. — Enquête *de commodo et incommodo*. — Autorisation pour pratiquer les études, expropriations, payement des indemnités. — Occupations temporaires. — Indemnités. — Contrat avec les entrepreneurs. — Garantie d'exécution. — Surveillance des travaux. — Réception des travaux.

CHAPITRE XI

Règlements de police relatifs à la conservation des routes. — Au roulage. — Déclassement des chemins.

CHAPITRE XII

Personnel des ponts et chaussées. — Ingénieurs. — Conducteurs. — Agents voyers. — Personnel subalterne.

CHAPITRE XIII

COMPTABILITÉ

Budgets. — Parts contributives de l'État, du Département, de la Commune. — Évaluation et répartition des ressources. — Comptabilité des ingénieurs des ponts et chaussées. — Des agents voyers. — De l'ordonnancement. — Justification des dépenses.

DEUXIÈME PARTIE. — RIVIÈRES

CHAPITRE PREMIER

NAVIGATION

Conditions qu'un cours d'eau doit remplir pour être flottable ou navigable. — Résistance au mouvement des bateaux. — Flottage. — Halage. — Bateaux à voiles. — Remorquage par bateaux à roues, par bateaux à hélice. — Touage. — Câble de M. Maurice Lévy. — Prix de revient de ces différents modes de transport. — Comparaison avec les transports sur routes et sur chemins de fer.

CHAPITRE II

CLASSIFICATION DES FLEUVES ET RIVIÈRES

Torrents. — Rivières torrentielles. — Rivières à régime régulier. — Vitesse de l'eau. — Influence de la forme du lit de la rivière. — De sa direction. — Des remous. — Leur cours. — Leurs effets. — Jaugeage des cours d'eau.

CHAPITRE III

TORRENTS

Leur extinction par le reboisement. — Rivières torrentielles. — Leur correction. — Exemples. — Défense des rives. — Fascines, digues en charpente, plantation, enrochements, perrés, épis. — Étude sur les sables. — Leur déplacement, leur fixation.

CHAPITRE IV

ÉTIAGE

Crues et inondations. — Observations de Vallés, de Dupuit. — Prévision des crues. — Réservoirs d'assainissement. — Endiguements. — Canaux de dérivation. — Déversoirs. — Zones d'inondations. — Rupture des digues. — Assurances.

CHAPITRE V

AMÉLIORATION DES RIVIÈRES

Quelles sont les vitesses en différents points de la section d'une rivière? — Hauts fonds. — Rapides. — Profil en long et en travers de la section des rivières. — Endiguements. — Canalisation. — Barrages. — Types en usage.

CHAPITRE VI

UTILISATION DES EAUX PAR L'INDUSTRIE

Sur les rivières flottables. — Navigables. — Sur les petits cours d'eau. — Création d'une chute. — Évaluation du travail disponible. — Bief d'amont. — Bief d'aval. — Barrages. — Vannes. — Formalités administratives pour la création d'une chute. — Droits des tiers. — Mesures administratives et policières.

CHAPITRE VII

Utilisation des cours d'eau pour l'agriculture. — Inondations partielles des terrains. — Leur utilité. — Drainage. — Collecteur. — Irrigations. — Canaux principaux. — Rigoles. — Leur tracé. — Droits des tiers. — Règlements de police.

CHAPITRE VIII

Personnel attaché spécialement aux cours d'eau. — Ingénieurs. — Conducteurs. — Piqueurs. — Éclusiers. — Gardes-pêche.

CHAPITRE IX

Lois et règlements en vigueur. — Police des fleuves, des rivières, des canaux.

CHAPITRE X

Comptabilité. — Recettes. — Dépenses. — Ordonnancement. — Payements. — Vérification de la comptabilité.

TROISIÈME PARTIE. — CANAUX

CHAPITRE PREMIER

DÉFINITIONS

ÉVALUATION DE LA QUANTITÉ D'EAU NÉCESSAIRE POUR ALIMENTER UN CANAL

Perte due au passage d'un bateau, aux filtrations, à l'évaporation.

CHAPITRE II

ALIMENTATION

Étude des ressources en eau disponible. — Réserves. — Bassins de secours. — Réservoirs. — Machines élévatoires.

CHAPITRE III

Tracé d'un canal. — Canal à point de partage. — Canal latéral. — Considérations qui doivent guider dans le choix de l'emplacement d'une écluse. — Détermination de la section d'un canal. — Profil en long. — Profil en travers. — Dimensions des écluses. — Devis.

CHAPITRE IV

Travaux de terrassements. — Construction de la cuvette. — Abords. — Talus. — Gazonnement. — Chemin de halage. — Étanchement à l'eau trouble.

CHAPITRE V

ÉCLUSES

Leurs dimensions. — Construction du radier, des bajoyers, du busc. — Portes d'écluse en bois, en fonte, en fer. — Appareils élévatoires des bateaux.

CHAPITRE VI

Digues. — Bassins. — Épaisseur des murs. — Solide d'égale résistance. — Résistance du sol à l'écrasement et au glissement. — Digues en terre. — Perrés d'étang. — Barrages fixes et mobiles. — Système Caméré, etc.

CHAPITRE VII

TRAVAUX ACCESSOIRES

Maisons d'éclusiers. — Ponts. — Canaux. — Rigoles. — Vannages. — Prises d'eau pour l'industrie ou l'agriculture. — Aqueducs.

CHAPITRE VIII

État des voies navigables en France et en Belgique. — Groupe de l'Oise, de la Marne, de l'Yonne, de la Seine, de l'Eure. — Bassins du Nord. — Rivières et canaux. — Littoral normand. — La Loire, ses affluents. — La Charente. — La Sèvre-Niortaise. — La Dordogne. — La Garonne. — La Gironde. — L'Adour. — Le Rhône. — Littoral de la Méditerranée. — Voies navigables de l'Est. — Belgique. — Canaux du Sud, du Centre et de l'Est de la Belgique.

CHAPITRE IX

PERSONNEL

Le même que celui des ponts et chaussées. — Gardes-pêche. — Éclusiers. — Entretien.

CHAPITRE X

Législation spéciale relative aux canaux et aux voies navigables. — Mesures de police.

CHAPITRE XI

COMPTABILITÉ

Recettes. — Dépenses. — Ordonnancement. — Payements. — Vérification des comptes.

DIX-HUITIÈME PARTIE DU COURS DE CONSTRUCTION

MÉTRÉ ET ATTACHEMENTS

DE

TERRASSE, MAÇONNERIES, CARRELAGE & CIMENTS

PROGRAMME SUCCINCT

CHAPITRE PREMIER

NOTIONS GÉNÉRALES

§ I. — Du métré.
§ II. — Mémoires.
§ III. — Attachements écrits et figurés.
§ IV. — Honoraires.

CHAPITRE II

TERRASSE

§ I. — De la terrasse en général.
§ II. — Classification des fouilles. Énumération des différents sols.
§ III. — Composition des prix de règlement avec exemples.
§ IV. — Avant-métré.
§ V. — Exemples de métré de fouilles en excavation accessibles au tombereau par rampe.
§ VI. — Exemple de métré de fouilles en excavation, inaccessibles au tombereau.
§ VII. — Plus-values diverses, applicables aux fouilles en excavation avec exemples de métré à l'appui.
§ VIII. — Exemples de métré de fouilles en rigoles dans différentes natures de sols.
§ IX. — Plus-values diverses applicables aux fouilles en rigoles avec exemples de métré à l'appui.
§ X. — Exemples de métré de fouilles de puits dans différents sols, avec plus-values appliquées (sous-œuvre de construction, vase infectée, etc.).
§ XI. — Épuisement d'eau. — Pompes brevetées et non brevetées.
§ XII. — Blindages. — Étais. — Étrésillons.
§ XIII. — Dressement et nivellement du sol. — Pilonnage. — Régalage. — Transports.
§ XIV. — Tranchées.
§ XV. — Exemples de métré de fouilles en supplément et en déduction de forfait.

CHAPITRE III

MAÇONNERIES, CARRELAGE ET CIMENTS

§ I. — Exemples de métré de travaux neufs, avec attachements figurés à l'appui pour travaux importants. — Fondations variant suivant la nature du sol. — Dispositions intérieures suivant le genre de construction. — Façades en briques, moellons, meulière, pierres, moellons et briques, brique et pierre, etc. etc. — Décorations en plâtre ordinaire, plâtre teinté, plâtre fluaté, brique apparente, brique en décoration, brique émaillée, sable-mortier coloré, terre cuite, faïence, pierre moulée, balustres, etc., de :
1° Pavillons ; 2° chalets ; 3° villas ; 4° maisons de rapport ; 5° hôtels particuliers ; 6° écoles et constructions diverses.
§ II. — Exemples de métré de divers types de façades en pierre pour fourniture, bardage, montage, pose : plus-values diverses, tailles et ravalements de différents styles.

AVANT-PROPOS

Comme suite au Traité de Fondations, Mortiers, Maçonneries, *par G. Oslet et J. Chaix, ingénieurs des Arts et Manufactures, chefs de travaux graphiques à l'École centrale, nous avons l'intention d'étudier, dans le présent volume, un traité complet et détaillé du* Métré de Terrasse, Maçonneries, Carrelage et Ciments.

Ce travail, comme ceux déjà effectués pour les diverses autres corporations, a pour but de faciliter aux jeunes l'étude de l'art du métré en les éloignant des abus et des méthodes ne reposant sur aucune base sérieuse. Il pourra également être consulté avantageusement par les personnes ayant à s'occuper, à un titre quelconque, de travaux de terrasse, maçonneries, carrelage, etc., soit qu'elles aient à faire élever des constructions, à diriger des travaux ou à les vérifier après leur exécution.

Cette étude très détaillée et faite avec la plus grande précision possible portera, dans l'ordre indiqué, sur les différents points suivants :

TERRASSE :

Fouilles en excavation ;
» *en rigoles ;*
» *de puits.*

MAÇONNERIES, CARRELAGE ET CIMENTS :

Pavillons ; chalets ; villas ; maisons de rapport ; hôtels particuliers ; écoles et constructions diverses ; travaux en réparation ; établissement de devis sur plans ; comptes de mitoyenneté.

Pour nous conformer à la nomenclature qui précède, notre travail sera exécuté dans l'ordre ci-après :

1° LA TERRASSE :

La terrasse d'un même bâtiment ne comprenant généralement pas tous les genres de fouilles qu'il peut être nécessaire d'exécuter, suivant les différentes natures du sol, nous établirons à ce sujet une étude qui fera l'objet d'un chapitre spécial. Nous procéderons par voie d'exemples, en examinant successivement les variations de sols pour fouilles en excavation, en rigoles et de puits.

2° MAÇONNERIES, CARRELAGE ET CIMENTS.

Pour l'examen, au point de vue du métré des travaux de maçonnerie, carrelage et ciments des différentes constructions (pavillons, chalets, villas, etc.) et pour l'indication des prix du tarif à appliquer, notre travail sera divisé en trois parties :

GROS-ŒUVRE,

MÉTRÉ SUR PLACE ET ATTACHEMENTS

ÉCRITS. PRORATA.

Pour le Gros-Œuvre, *nous commencerons par la partie en contre-bas du sol (basses fondations et fondations), pour continuer par le rez-de-chaussée et nous élever ensuite d'étage en étage jusqu'au faîte du bâtiment, c'est-à-dire en dirigeant l'étude dans l'ordre d'exécution des travaux, en ayant soin de n'en négliger aucune partie.*

Pour le Métré sur place, *le travail sera effectué dans l'ordre inverse, c'est-à-dire en commençant par les souches de cheminées, pour finir par le rez-de-chaussée, les caves et les ravalements extérieurs.*

Pour terminer chaque étude de bâtiment, nous donnerons en détail des articles au Prorata *(barrières, éclairage, gardiennage, eau, vidange, etc.), à répartir suivant les clauses du cahier des charges.*

En outre :

Pour les constructions importantes (hôtels particuliers, maisons de rapport), nous joindrons des planches d'attachements figurés *pour le métré du gros-œuvre et nous nous étendrons spécialement sur les façades en pierre pour tailles et ravalements.*

Dans les travaux de faible importance, pour faciliter les recherches et rendre notre travail plus compréhensible, nous introduirons dans le texte, pour chaque étude spéciale, un dessin coté de la partie du travail sur laquelle elle aura porté.

Enfin, dans l'étude du métré des bâtiments énoncés précédemment nous indiquerons également, avec sous-détails, les prix composés à appliquer aux divers matériaux qui, quoique employés fréquemment, tant à l'intérieur qu'à l'extérieur, ne sont inscrits dans aucune des séries de prix éditées par la Société centrale.

A la fin du volume, figurera une table des matières indiquant, par lettre alphabétique, les différentes parties des travaux qui sont l'objet de cet ouvrage et les numéros des pages consacrées à chacune d'elles.

En un mot, nous nous efforcerons de fournir tous les renseignements, tous les prix, le mode de métrer et toutes les indications nécessaires à l'établissement, d'une façon claire et précise, des mémoires, attachements, devis, comptes de mitoyenneté, etc., etc.

CHAPITRE PREMIER

NOTIONS GÉNÉRALES

Du métré.

1. Métrer des travaux, c'est faire sur place ou d'après attachements le relevé des travaux exécutés par un entrepreneur, en établir un compte détaillé en les classant d'après leur nature et d'après leur valeur, soit au mètre linéaire, soit au mètre superficiel, soit au mètre cube, et appliquer à chacun d'eux les prix auxquels l'entrepreneur a souscrit par marché ou ceux du tarif de la localité.

A première vue, le métré paraît chose facile : il semble, en effet, qu'ayant le travail sous les yeux il soit aisé d'en relever toutes les parties, d'en mentionner tous les détails. Quoique, à vrai dire, aucune règle n'existe pour la marche à suivre dans le métré et que le métreur ait toute liberté de diriger son travail à son gré, le métré est un art qui, comme tous les autres, demande un apprentissage et ne s'acquiert que par une longue pratique.

Outre les grandes lignes d'un bâtiment, qu'il est, il est vrai, assez facile d'évaluer, il existe, dans le métré, différentes manières de mesurer ou de compter certains articles, puis des usages établis pour certains autres, en un mot, une clé du métier qui doit nécessairement déconcerter celui qui n'en a pas l'habitude.

Les métreurs, en général, sont aptes à faire les métrés de tous les corps d'état; pourtant, pour les travaux d'importance, l'entrepreneur a ordinairement recours à un métreur spécialiste qui, plus au courant de la partie à laquelle il s'est particulièrement adonné, sait présenter le travail d'une façon plus précise et plus avantageuse pour l'entrepreneur.

Mémoires.

2. Les mémoires sont en quelque sorte les comptes rendus des travaux exécutés par l'entrepreneur.

Ils doivent contenir la description complète et détaillée des travaux, l'énonciation des mesures, des quantités, ainsi que les prix y afférents.

Les mémoires doivent toujours être établis en double : 1° en minute, laquelle est conservée par l'entrepreneur ; 2° en expédition, laquelle est remise directement au propriétaire ou à l'architecte chargé des intérêts de ce dernier.

L'en-tête d'un mémoire doit toujours contenir les renseignements suivants :

La nature des travaux, le nom du propriétaire et l'indication du lieu où les travaux ont été exécutés ; le nom de l'architecte, l'année dans laquelle les travaux ont été faits, la date de la remise du mémoire avec le numéro de l'enregistrement, le nom et l'adresse de l'entrepreneur, enfin l'indication de la série de prix d'après laquelle les travaux ont été exécutés, en mentionnant au dessous si le mémoire est établi en *demande* ou en *règlement*.

Les mémoires, suivant le cas, s'établissent de deux façons : *mémoires en argent*, *mémoires en timbres ou résumés*.

Dans le premier cas, chaque article est sorti en argent à l'extrémité de la ligne.

Prenons pour exemple un mur de refend à métrer sous la formule suivante :

Refend construit en brique neuve façon Bourgogne de Vaugirard hourdée en mortier de chaux hydraulique de Beffes:	
1° Pour mur en élévation :	
Longueur 3.50 × 3.20 de hauteur........................ 11.20	
× 0.34 d'épaisseur............................. 3.808	
A 56f,12 le mètre cube..	213f,70
2° Complément en 0.22 d'épaisseur pour cloison :	
Longueur 2.30 × 3.20 de hauteur........................ 7.36	
A 12f,40 le mètre superficiel..	91f,26

On opère en général de cette façon lorsqu'il s'agit soit de travaux de corvée, soit de travaux de peu d'importance où la nature du travail, variant fréquemment, exige à chaque instant l'application de différents prix.

Dans le second cas (pour les mémoires en timbres ou résumés), on ne sort aucun prix dans le courant du mémoire : chaque article est sorti au bout de la ligne suivant sa dénomination et avec sa quantité.

Prenons pour exemple le même mur de refend que nous compterons en timbres.

Refend construit en brique neuve façon Bourgogne de Vaugirard hourdée en mortier de chaux hydraulique de Beffes.	Brique neuve façon Bourgogne de Vaugirard hourdée en mortier de chaux hydraulique de Beffes pour mur en élévation:
1° Pour mur en élévation :	
Longueur 3.50 × 3.20 de hauteur 11.20	
× 0.34 d'épaisseur.....................	3m.808
	Brique neuve façon Bourgogne de Vaugirard hourdée en mortier de chaux hydraulique de Beffes de 0.22 épaisseur pour cloison:
2° Complément en 0.22 d'épaisseur pour cloison :	
Longueur 2.30 × 3.20 de hauteur.....................	7m,36

Chaque fois qu'on rencontrera, dans le courant du mémoire, des articles similaires, on les sortira sous le même timbre. Ainsi des autres, en ayant soin de numéroter, dans la colonne de gauche du mémoire tous les timbres pour faciliter l'établissement de l'*extrait*.

Sur la feuille à laquelle on donne le nom d'*extrait*, on additionne toutes les quantités portant le même timbre en ayant soin de reporter tous les numéros inscrits dans la colonne de gauche du mémoire de façon à éviter des omissions. On joint ordinairement au mémoire une expédition de cet extrait, en laissant à droite de la colonne des quantités une colonne libre qui permet au vérificateur d'établir en quelque sorte, sur la même feuille, un nouvel *extrait* de règlement.

A la fin du mémoire, pour en résumer tous les timbres, on établit un tableau dans lequel, après avoir fait l'addition de tous les timbres portant la même dénomination, on classe les divers timbres dans l'ordre de la série, en indiquant en face des différents totaux les prix qui s'y rapportent.

NUMÉROS D'ORDRE	NATURE DES TRAVAUX	QUANTITÉS	PRIX	TOTAUX PARTIELS
1	Brique façon Bourgogne de Vaugirard hourdée en mortier de chaux hydraulique de Beffes pour mur en élévation..	c. 3m,808	56f,12	213f,70
2	Brique *idem* et mortier de chaux *idem* de 0.22 épaisseur pour cloison..	s. 7m,36	12f,40	91f,26
3				

Les mémoires des travaux exécutés pour la Ville de Paris (service d'Architecture de la Préfecture de la Seine) et pour les Compagnies de chemins de fer étant établis d'une façon spéciale au moyen d'attachements, de résumés et d'annexes, nous en donnerons, dans nos métrés, des exemples faits d'après leurs séries respectives.

Un mémoire doit toujours être écrit lisiblement et d'une façon très suivie avec toutes les indications nécessaires à la compréhension du travail.

A Paris, les mémoires sont généralement établis *en demande*, c'est-à-dire que tous les prix sont augmentés d'un quart. De cette façon, avant même toute vérification, il est avéré que le montant du mémoire doit descendre d'un *cinquième*. L'habitude en est si bien prise que les mémoires même faits à prix justes deviennent, la plupart du temps, l'objet de réclamations basées sur cette diminution passée dans les usages. Le Tribunal civil de la Seine a également pris l'habitude de réduire du cinquième les mémoires même établis à prix justes.

Attachements écrits et figurés.

3. Les attachements sont des pièces de comptabilité servant à constater l'exécution des travaux devant disparaître, ou destinés à être recouverts.

Il existe deux façons d'établir les attachements : ils sont écrits ou figurés. Dans les deux cas, ils doivent être rédigés d'une façon claire et détaillée et contenir tous les renseignements nécessaires à l'établissement du mémoire auquel ils sont annexés comme justification de la nature des travaux.

Ils doivent toujours être remis en double expédition à l'architecte qui, après les avoir vérifiés et y avoir ajouté les annotations qu'il a jugées nécessaires, en rend un exemplaire à l'entrepreneur.

Les attachements écrits ont leur emploi fréquent dans les travaux de corvées. Quelquefois même, des métrés sont faits presque en entier au moyen de ces attachements. Dans les travaux neufs, ils ne servent qu'à constater les travaux peu importants qui pourraient être cachés ou même disparus lors de la vérification du mémoire.

Les attachements écrits mentionnant presque toujours des travaux devant rester peu de temps apparents, l'entrepreneur, dans son intérêt, doit insister auprès de l'architecte pour que celui-ci procède, immédiatement après leur remise, à la vérification de ces attachements, étant donné qu'après un laps de temps très court il devient le plus souvent impossible de les faire reconnaître.

Il arrive quelquefois que des attachements écrits renferment eux-mêmes des croquis afin de rendre le travail plus compréhensible ; mais on donne le nom d'*attachements figurés* à des dessins d'une certaine importance, établis à l'échelle de $0^m,02$ par mètre, où la nature des matériaux employés est indiquée au moyen de teintes conventionnelles dont voici quelques emplois en usage :

Pour la pierre :

Bleu, pour la roche ;

Violet, pour le liais ;

Orangé pour le banc-royal ;

Vert pour le vergelé.

Pour la limousinerie :

Rose pour la brique façon Bourgogne ;

Jaune pour le moellon ;

Rouge cerise pour la brique de Bourgogne ;

Bleu pour le béton ;

Terre de Sienne pour la meulière ;

Rose très clair pour les plâtras, etc. etc.

Il arrive fréquemment qu'on emploie plusieurs matériaux appartenant à la même classification ; dans ce cas, pour distinguer les différents genres, on emploie des teintes variées.

Ainsi, prenons pour exemple une façade en pierre dans laquelle on emploierait de la roche d'Euville et de la roche de Comblanchien ; étant donné l'aperçu de teintes conventionnelles que nous venons d'indiquer, nous n'avons que le « bleu » pour désigner la roche. Dans ce cas, pour les distinguer, nous prendrions le bleu pour la roche d'Euville et le rose pour la roche de Comblanchien. Du reste, afin d'éviter toute erreur, il est d'usage de reporter toutes ces teintes, en tête de l'attachement, dans une légende avec indications, par écrit, de la nature des matériaux ainsi que des différentes façons dont ils sont employés.

Dans les attachements de terrasse, la teinte employée est la sépia. Cependant beaucoup de géomètres emploient des teintes variées pour marquer les différents niveaux du sol avant la fouille.

Dans l'établissement des attachements figurés, on doit surtout s'appliquer à ce que toutes les cotes nécessaires à la rédaction du mémoire soient bien indiquées. L'attachement figuré n'est pas seulement un dessin, il doit surtout servir à contrôler le travail exécuté et destiné à disparaître ; en conséquence, il doit comprendre tous les renseignements indispensables pour qu'un métreur (même ne connaissant pas le bâtiment où le travail a été effectué) puisse, d'après cet attachement, établir le mémoire sans omettre aucun détail.

Tous les métreurs ne se chargent pas de dresser des attachements figurés. Ce travail est généralement exécuté par des spécialistes auxquels on donne le nom d'*attacheurs*. Nous aurons, dans le courant de l'ouvrage, l'occasion d'insérer plusieurs spécimens de ce travail d'art qui, quoique d'une très grande utilité, est très peu connu du public.

Honoraires.

4. Considérant que, s'il n'existe pas de loi positive sur cette matière, il est au moins un usage qui a toujours servi de règle:

Il est dû aux métreurs:

Extrait de l'Avis du Conseil des Bâtiments civils du 12 pluviôse an VIII.

« *Honoraires de métreurs.* — Pour « métrés et expéditions de travaux de terrasse, maçonnerie et carrelage 1f,20 0/0 « ou 12 francs du mille, selon le montant « du mémoire.

« Étant observé que, dans les départements où il se fait journellement de « nombreux travaux à façon, il est d'usage « de porter les honoraires à 2 francs pour « cent du montant desdits travaux en « demande ; de même il y a lieu de les « estimer en vacations toutes les fois que « le montant du mémoire ne s'élève pas « au-dessus de 100 francs. »

Nous ferons également remarquer que le prix de 12 francs du mille ne comprend pas la valeur du timbre et des doubles expéditions des résumés faits pour les travaux publics, pas plus que les actes de situation remis d'ordinaire tous les mois et servant à la délivrance des acomptes.

Le dressé des états de situation se paye ordinairement 1 franc du mille, sans effet rétroactif, bien entendu.

Lorsqu'il y a lieu de réclamer sur le règlement des mémoires, il est également dû aux métreurs des honoraires en dehors de 12 francs du mille. Ces honoraires sont généralement traités de gré à gré, selon l'importance et le succès des réclamations.

5. *Vacations et frais de voyage.* — (Extrait de l'avis du Conseil des Bâtiments civils) :

« Pour chaque vacation de trois heures « de tout architecte, expert ou artiste, « opérant dans le lieu de leur domicile ou « dans la distance de 2 myriamètres, il est « dû :

« Dans le département de la « Seine 8f,00
« Dans les autres départements. 6f,00

« Au-delà des 2 myriamètres, il est « alloué pour chaque myriamètre, à titre « de frais de voyage et de nourriture, soit « pour aller, soit pour venir :

« Aux architectes et aux artistes « de Paris.................... 6f,00
« A ceux des départements..... 4f,50

« Pour quatre vacations par jour sans « déplacement :

« Aux architectes et artistes de « Paris 32f,00
« A ceux des départements.... 24f,00

« S'il y a moins de quatre vacations, « la réduction est proportionnelle. »

6. *Honoraire des attacheurs.* — Comme pour les honoraires des métreurs, il existe un usage admis dans la pratique qui alloue aux attacheurs, pour l'établissement et les expéditions des attachements, l'émolument proportionnel de 1 franc du cent ou 10 fr. du mille selon le montant *en demande* du mémoire de l'*ensemble* des travaux exécutés dans le chantier de construction où ils opèrent, c'est-à-dire que ce prix porte non seulement sur le montant des travaux relevés par eux, mais aussi bien sur les travaux métrés sur place que ceux relevés par attachements.

(Si, pendant la publication de l'ouvrage, il survenait quelques modifications dans l'exposé de ces prix, nous tiendrions nos lecteurs au courant de ces changements.)

CHAPITRE II

TERRASSE

De la terrasse en général.

7. Au point de vue du *bâtiment*, on donne le nom général de *terrasse* à l'ensemble des travaux exécutés dans un sol pour y jeter les fondations d'une construction.

Ces travaux comprennent les fouilles, les jets, les chargements, les transports en brouettes ou en tombereaux, les remblais, etc.

Classification des fouilles. Énumération des différents sols.

8. Suivant les dimensions données aux fouilles, elles prennent les noms de *fouilles en excavation*, *fouilles en rigoles*, *fouilles de puits*.

On donne le nom de *fouille en excavation* à toute fouille ayant comme dimensions : 2 mètres et au dessus de largeur au fond et $0^{m},25$ et au dessus d'épaisseur.

Quand la largeur est inférieure à 2 mètres, on donne à ce travail le nom de *fouilles en rigoles*, *tranchées ou trous*.

Quelquefois, afin de trouver un sol d'une stabilité suffisante pour y jeter les bases d'une construction, on est obligé de pratiquer des fouilles plus importantes, auxquelles on donne le nom de *puits;* ces puits peuvent être ronds, carrés ou elliptiques.

9. Afin de familiariser nos lecteurs avec les termes que nous aurons fréquemment l'occasion d'employer dans le métré de la terrasse, nous allons donner quelques définitions succinctes.

Jet de pelle. — On appelle ainsi le déplacement de 1 *mètre cube* de terre, gravois ou autres matériaux effectué au moyen d'une pelle.

Il y a trois sortes de jets :

Le *jet horizontal;*

Le *jet sur berge;*

Le *jet sur banquette.*

Le *jet horizontal* est le simple déplacement, au moyen de la pelle, de terres et matériaux, d'un point à un autre point de même niveau approximatif et séparé du premier d'une distance maxima de 2 mètres.

Le *jet sur berge* consiste à élever, au moyen d'une pelle et à une hauteur inférieure à $1^{m},80$ des matériaux déjà piochés et à les disposer au bord de la fouille.

Le *jet sur banquette* consiste également à élever au moyen d'une pelle des matériaux déjà piochés et à les déposer sur une banquette naturelle ou établie au moyen d'échafaudages à une hauteur de $1^{m},80$ ou à des hauteurs successives de $1^{m},80$.

Chargement. — Le chargement, comme son nom l'indique, est le travail qui consiste à charger des terres ou des matériaux quels qu'ils soient.

Le chargement comprend : le chargement en brouette, en tombereau, à la hotte, au seau, au panier, à l'auge, à la benne, au sac, etc.

Montage. — Par le montage on élève des terres, gravois ou autres matériaux, soit à la hotte, au treuil et au seau, à la corde et au seau, pour les déposer à la demande.

Pilonnage. — Le pilonnage consiste à tasser, au moyen d'un pilon, de la terre, du béton, du sable, du mâchefer, etc., pour affermir des fondations ou des remblais.

Régalage ou étendage. — Le régalage ou étendage consiste à niveler, au moyen d'une pelle, d'une batte ou d'un râteau, une surface de terre, de sable, etc., en en faisant disparaître toutes les rugosités afin d'obtenir une surface plane.

Remblai. — Le remblai consiste soit à établir un sol factice, soit à remplir des vides de terrain, soit à surélever des terrains au moyen de terres rapportées en les pilonnant au fur et à mesure.

Dressement et nivellement. — Dresser et niveler un sol, c'est déblayer les aspérités d'une plate-forme et remblayer les parties creuses, soit par le pilonnage, soit à l'aide d'un rouleau.

Repiquage, ou déblai de terre. — Le repiquage, ou déblai de terre, est en quelque sorte une fouille en excavation. La seule différence qui existe entre ces deux genres de fouilles provient de leur différence d'épaisseur. La fouille en excavation proprement dite a au moins $0^m,25$ d'épaisseur, tandis que l'épaisseur du repiquage ou déblai n'atteint pas cette dimension.

Les différentes natures de sol rencontrées le plus fréquemment dans les fouilles sont : la terre, le gravois, le tuf, la terre glaise, la roche, les assises, le gypse, les anciennes maçonneries, la vase infectée, les marnes, la caillasse, le sable, etc.

REMARQUE.

10. Les prix appliqués, dans cet ouvrage, pour le métré de *terrasse* sont ceux de la série de la Société centrale des Architectes français, édition 1897.

Composition des prix de règlement.

Prix élémentaires.

Heure de jour.

		L'heure.
De terrassier..	compris outillage.	$0^f,55$
De puisatier...	—	0,75
D'aide-puisatier	—	0,55

Heure de voiture (charrette ou tombereau)

A 1 cheval.....	compris outillage.	$1^f,40$
A 2 chevaux...	—	2,20
A 3 chevaux...	—	2,80

Matériaux
(*Compris transport à pied-d'œuvre*).

	Le mètre cube.
Cailloux de $0^m,02$ à $0^m,06$ de grosseur	$6^f,75$
Gravier ou gravillon	8,50
Gravillon dit mignonnette	10,75
Sable de plaine	5,50
Sable de rivière	6,75
Terreau	7,50
Terre glaise	8,50
Terre végétale	4,50

Prix composés.

Les prix de règlement, établis pour les travaux particuliers exécutés dans Paris, sont composés :

1° Des déboursés pour la main-d'œuvre et les fournitures ;

2° Des faux frais calculés sur la main-d'œuvre seulement ;

3° Des bénéfices appliqués au prix de la main-d'œuvre des fournitures et aux faux frais.

Pour la *terrasse*, les faux frais sont fixés à.................... $5^f,50$ 0/0

Pour la *terrasse*, le bénéfice à 10 00 0/0

EXEMPLES.

	PRIX de règlement	DÉBOURSÉS: HEURES en journée	DÉBOURSÉS: PRIX	FAUX FRAIS 5.50 % soit sur	ENSEMBLE	BÉNÉFICE 10 %	PRODUITS
		ÉLÉMENTS DES SOUS-DÉTAILS					
Heure de jour. De terrassier compris outillage.	fr. 0.64	1h,00 à 0f,55 = 0f,550		fr. 0.550 = 0.030	fr. = 0.580	fr. = 0.058	fr. 0.638
De puisatier compris les équipages nécessaires	0.87	1h,00 à 0f,75 = 0f,750		0.750 = 0.041	= 0.791	= 0.0791	0.8701
D'aide-puisatier	0.64	1h,00 à 0f,55 = 0f,550		0.550 = 0.030	= 0.580	= 0.058	0.638
Fouille en excavation de terre ou gravois. Prix du mètre cube	0.51	1 terrassier piochera 12m,500 cubes de terre en 1 journée de 10 heures ou 1m,250 par heure. Pour 1 mètre cube il mettra $\frac{1}{1^m,250}$ = 80/180 d'heure à 0.64 l'heure compris faux frais et bénéfice produit					0.512
Dressement et nivellement de sol ordinaire avec pilonnage Prix du mètre superficiel	0.08	1 terrassier déblayera les aspérités d'une plate-forme jusqu'à 0m,05 d'épaisseur maximum et remblayera les parties creuses : 1° Ordinaire avec pilonnage 8 mètres superficiels en 1 heure. Pour 1 mètre superficiel il mettra $\frac{1^h}{8^m,00} = 0^h,125$ à 0f,64 l'heure compris faux frais et bénéfice produit					0.08
Au rouleau à bras d'homme Prix du mètre superficiel	0.32	2° Au rouleau à bras d'homme 2 mètres superficiels en 1 heure. Pour 1 mètre superficiel il mettra $\frac{1^h}{2 \text{ mètres}} = 0^h,50$ à 0f,64 l'heure compris faux frais et bénéfice produit					0.32

Avant-métré.

11. Afin d'éviter toute complication lors du règlement de son mémoire, un entrepreneur doit toujours, avant de commencer une fouille, contradictoirement avec l'architecte (ou leurs agents respectifs), relever le nivellement moyen du terrain à fouiller et en établir un attachement d'*avant-métré*, en double expédition, qu'il signe et qu'il remet à l'architecte. Celui-ci en rend un exemplaire après l'avoir vérifié.

Pour établir ce nivellement réduit, il faut prendre un point de repère, autrement dit un niveau d'avant-métré, que l'on trace sur un point fixe quelconque, soit sur un mur mitoyen, sur une barrière ou sur un autre point devant rester apparent pendant et après la fouille ; et, d'après ce niveau, déduire un nivellement moyen qui servira de base pour déterminer, lorsque la fouille sera achevée, le cube exact des terres enlevées.

Il est préférable, lorsque cela est possible, d'opérer avec le trait de niveau du maçon ; dans le cas contraire, on doit bien indiquer à quelle distance, soit en contre-haut, soit en contre-bas de ce dernier, se trouve le trait de niveau d'avant-métré à moins de lui appliquer la cote d'altitude qui lui convient.

12. Prenons pour exemple un terrain à fouiller (*fig.* 1) dont on voudra établir le nivellement moyen : après avoir pris successivement, sur les divers points indiqués par un rond, les cotes de hauteur du terrain (avant la fouille bien entendu) au trait de niveau choisi pour l'avant-métré, c'est-à-dire celui du maçon, et en avoir fait une moyenne, supposons qu'on ait une cote de $1^m,48$ de hauteur réduite.

En portant cette cote de $1^m,48$ en contre-bas du trait de niveau d'avant-métré (*fig.* 2), on obtiendra approximativement le nivellement réduit, autrement dit une moyenne d'avant-métré du terrain avant la fouille.

En supposant que, lorsque la fouille sera terminée, le fond de cette fouille soit à $4^m,70$ en contre-bas du trait de niveau d'avant-métré ; pour obtenir le cube exact des terres enlevées, il suffirait de multiplier la surface de la partie fouillée par la différence entre cette profondeur totale de $4^m,70$ et la distance réduite (de $1^m,48$) du trait de niveau au nivellement moyen.

Soit :

Surface de fouille $\times$ ($4^m,70$ — $1^m,48$) = cube des terres enlevées, ou :

surface de fouille $\times$ $3^m,22$.

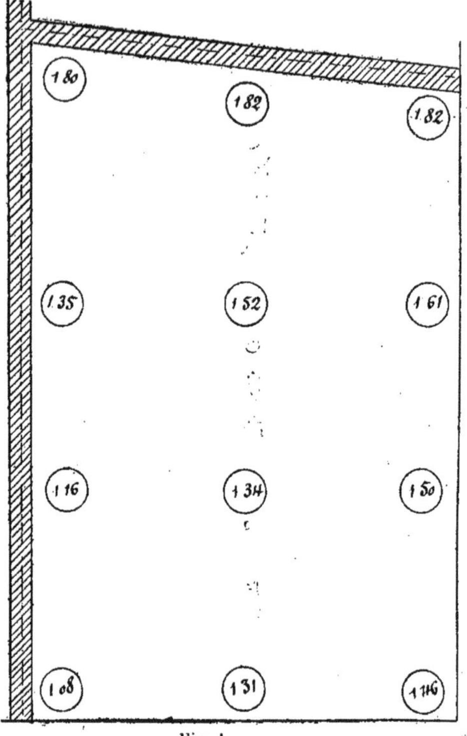

Fig. 1.

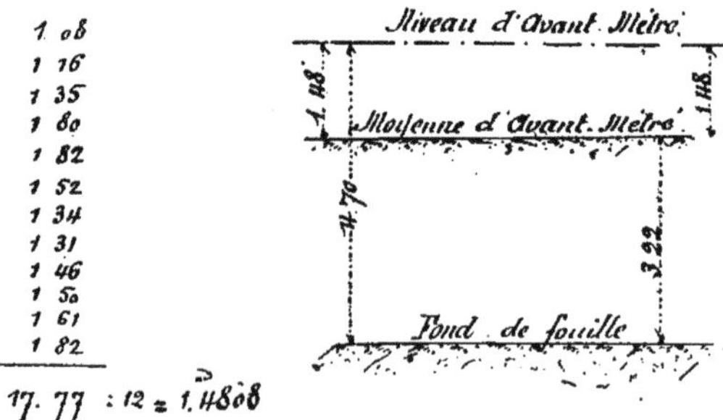

Fig. 2.

13. Dans le cas où les opérations d'avant-métré doivent porter sur un terrain très accidenté (*fig.* 3 et 4) on établit plusieurs moyennes d'avant-métré, c'est-à-dire qu'au lieu de faire une moyenne pour toute la surface du terrain, on opère partiellement en indiquant la surface de chaque moyenne.

D'autre part, il arrive également de pratiquer des fouilles sur l'emplacement d'une ancienne construction : dans ce cas, il est indispensable de mentionner, soit directement sur l'avant-métré, soit au moyen d'un attachement écrit, les pans de

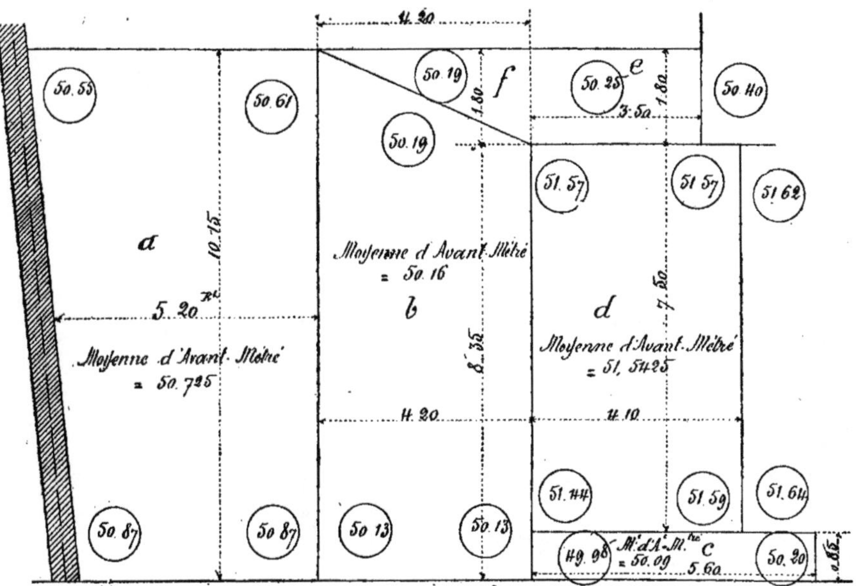

Fig. 3.

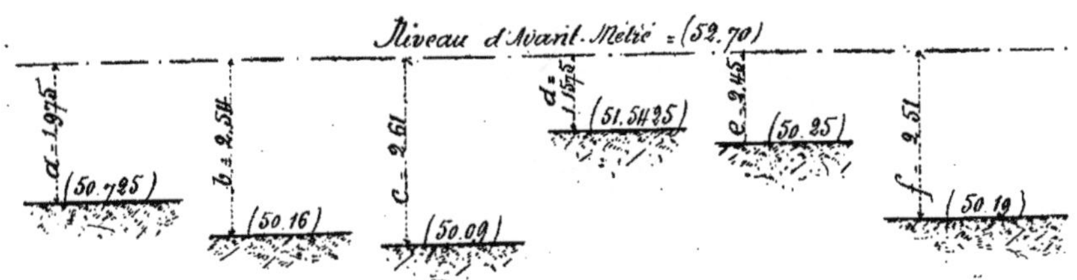

Fig. 4.

murs, pavages, dallages, etc., qui pourraient subsister après la démolition et qui donnent lieu à une plus-value de fouille.

Exemples de métrés de fouilles en excavation accessibles au tombereau par rampe.

14. Le métré d'une fouille en excavation repose sur deux principes énoncés à l'observation 52 (page 4) de la Série :

« *Lorsque la fouille en excavation sera* « *accessible au tombereau, il ne sera accordé aucun jet autre que celui nécessaire* « *pour le chargement.* »

« *Ne seront considérées comme accessibles au tombereau que les parties pou-*

« *vant être fouillées directement au moyen* « *de rampe de* 0,10 *par mètre au maxi-* « *mum.* »

En conséquence, lorsque, pour une cause ou une autre, l'accessibilité directe au tombereau est reconnue impossible, il est incontestablement dû à l'entrepreneur un supplément de main-d'œuvre pour les

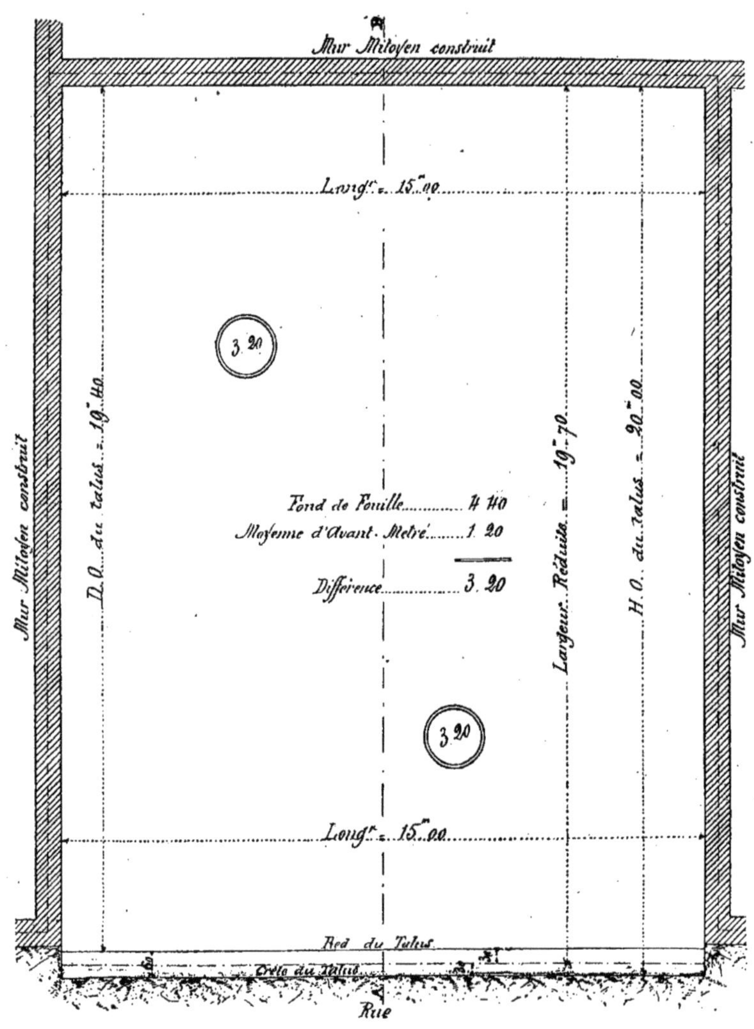

Fig. 5.

diverses manipulations à faire subir aux terres (jets, roulages, etc.) avant leur chargement en tombereau.

D'autre part, lorsque, soit à cause de la disposition du terrain ou de la trop grande profondeur de fouille, l'inclinaison de la rampe dépasse le maximum de 1/10 fixé ci-dessus, l'entrepreneur renforce ses attelages de tombereaux ou remonte les terres au moyen de camions, en un mot, dépense en faux frais de main-d'œuvre, de chevaux et de matériel roulant ce que lui coûterait un ou même plusieurs jets de pelle ; il est en droit d'exiger le paiement de tous les jets raisonnablement nécessaires pour permettre l'enlèvement des terres dans les conditions prévues par la Série.

Métré numéro 1.

15. Fouille en excavation d'un terrain rectangulaire composé de terre ordinaire et situé dans la deuxième zone, XVIIe arrondissement (*fig.* 5 et 6).

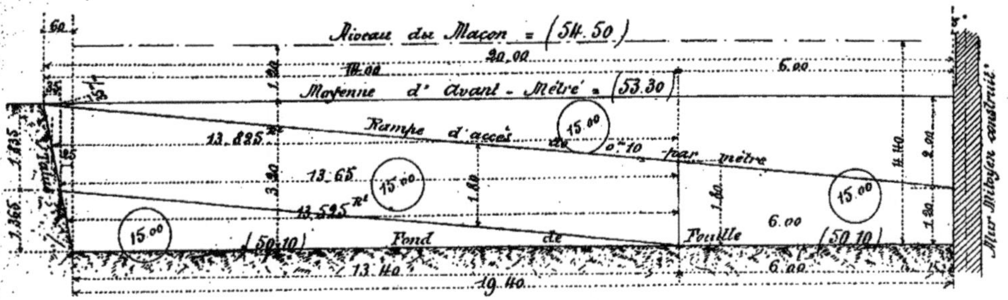

Fig. 6. — Coupe suivant AB.

Pour métrer clairement la fouille du terrain représenté (*fig.* 5), il faut diviser le travail en trois parties (*fig.* 6) :

1° Partie supérieure accessible *directement* au tombereau par rampe de 10 centimètres par mètre : les terres piochées sont immédiatement chargées en tombereau et enlevées ;

2° Partie jusqu'à 1m,80 de profondeur (cote maxima limitant la hauteur du jet sur berge) en contre-bas du niveau de la rampe, considérée comme inaccessible au tombereau, les terres piochées sont jetées sur berge (sol rampe), chargées ensuite en tombereau et enlevées ;

3° Partie en contre-bas de 1m,80 de la rampe considérée comme inaccessible au tombereau, les terres piochées sont jetées sur banquette, reprises pour être jetées sur berge, chargées ensuite en tombereau et enlevées.

Métré.

Fouille en excavation de terre ordinaire compris nivellement des faces et des fonds suivant coupe AB (*fig.* 6).

1° Partie supérieure considérée comme accessible au tombereau par rampe de 1/10 par mètre.

Pour fouille en excavation de terre ordinaire avec chargement en tombereau et transport aux décharges publiques :

Triangle de

$$\frac{20.00 \times 2.00}{2} = 20.00$$

$\times$ 15.00 de longueur........... 300m,000

Fouille en excavation de terre ordinaire. — Chargement en tombereau. — Transport aux décharges publiques. — Art. 26-48-73

2° Partie jusqu'à 1m,80 de profondeur en contre-bas du niveau de la rampe (considérée comme inaccessible au tombereau).

Pour fouille en excavation de terre ordinaire avec jet sur berge (sol rampe), chargement en tombereau et transport aux décharges publiques.

$6.00 \times \frac{(1.20 + 1.80)}{2} = 9.00$ 13.825 réduit × 1.80 = ... 24.89 Surface......... 33.89 × 15.00 de longueur.............	Fouille en excavation de terre ordinaire. — Jet sur berge. — Chargement en tombereau. — Transport aux décharges publiques. ART. 26-44-48-73 508m,350
3° Partie en contre-bas de 1m,80 du sol de la rampe. Pour fouille en excavation de terre ordinaire avec jet sur banquette, jet sur berge, chargement en tombereau et transport aux décharges publiques. $\frac{13.525 \text{ réduit} \times 1.365}{2} = 9.23$ × 15.00 de longueur.............	Fouille en excavation de terre ordinaire. — Jet sur berge. — Jet sur banquette — Chargement en tombereau, — Transport aux décharges publiques. ART. 26-44-45-48-73 138m,450

NOTA : Le remblai du vide laissé entre le mur de face sur rue et la paroi de la fouille étant fait au moyen de terres rapportées provenant de la fouille en rigoles, le cube nécessaire à ce remblai sera déduit du cube total des rigoles et repris ensuite pour remblai avec pilonnage, jets et roulages nécessaires.

16. En pratiquant une fouille, il peut arriver que, soit par suite de pluies torrentielles, soit en raison du mauvais état de consistance du sol ou du manque d'étaiement, soit pour d'autres causes imprévues, des masses de terre se détachent des parois de la fouille et tombent au fond en s'affaissant. Lorsque ces masses sont considérables, on leur donne le nom d'*éboulements*, et celui d'*éboulis* ou *éboulées* quand elles sont de moindre importance.

Faute de conventions spéciales, l'enlèvement de ces amas de terres éboulées est contestablement dû à l'entrepreneur, puisqu'elles ont pour cause un fait indépendant de sa volonté.

Dès que ces accidents se produisent, il est urgent d'en faire constater la réalité au moyen d'un attachement écrit en indiquant leurs situations respectives sur le plan de la fouille, par lettre alphabétique, ou par un numéro d'ordre.

Pour ces terres il n'y a pas de fouille à compter, puisque, dans leur chute, ces terres se sont désunies et que les jets de pelle (jet sur berge, jet sur banquette, jet horizontal) sont subordonnés d'une manière implicite à la règle du *jet de pelle pour chargement* déterminée par l'observation 50 (page 4 de la Série).

« *Le prix du chargement comprend le léger piochement qu'exige la reprise des terres.* »

En conséquence, il n'y a qu'à compter strictement les jets ou roulages à faire pour arriver à l'enlèvement des terres dans des conditions ordinaires.

Ainsi, en supposant que, dans l'exemple de métré numéro 1 que nous donnons ci-dessus, il se soit produit trois éboulis sur la paroi de la fouille (talus sur rue), lorsque cette fouille en excavation a été terminée, soit d'après cubes mesurés au vide des éboulis : un en *a* de 1.80Rt × 1.50Rt × 0.40Rt ; un en *b* de 2.00Rt × 1.60Rt × 0.45Rt et un en *c* de 1.20Rt × 0.50Rt × 0.35 Rt, le mode de métré de ces éboulis, à ajouter au métré de la fouille proprement dite, sera le suivant :

Métré.

Pour l'enlèvement d'éboulis de terre ordinaire provenant de la paroi de la fouille (talus sur rue).

La reprise des terres sur le fond de la fouille pour jet sur banquette, jet sur berge (sol rue), chargement en tombereau et transport aux décharges publiques.

Cubes mesurés au vide des éboulis :

a	$1.80^{Rt} \times 1.50^{Rt} = 2.70 \times 0.40^{Rt}$	1.080
b	$2.00^{Rt} \times 1.60^{Rt} = 3.20 \times 0.45^{Rt}$	1.440
c	$1.20^{Rt} \times 0.50^{Rt} = 0.60 \times 0.35^{Rt}$	0.210
	Cube	2.730 =

Jet sur banquette de terre ordinaire.
—
Jet sur berge.
—
Chargement en tombereau.
—
Transport aux décharges publiques.

Art. 44-45-48-73

2^m,730

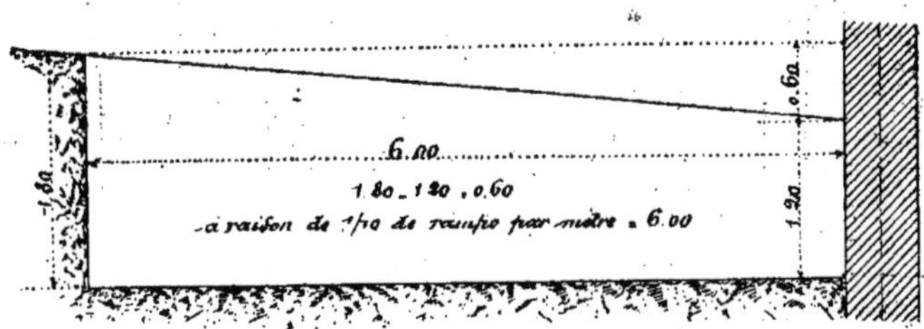

Fig. 7.

REMARQUE

17. Dans l'exemple de métré (n° 1) de fouille en excavation, détaillé ci-dessus, nous avons *supposé*, pour le *besoin de l'exemple*, le fond de fouille inaccessible au tombereau, afin d'indiquer la façon de compter ces genres de fouilles, cas que l'on ne rencontre généralement que dans les fouilles de petites surfaces.

Métré numéro 2.

18. Fouille en excavation d'un terrain formant angle de deux rues composé de terre ordinaire et situé dans la deuxième zone (XVIe arrondissement) (*fig.* 8 et 9) avec application partielle de plus-value pour fouille dans l'embarras des étais.

Pour pratiquer la fouille en excavation représentée au plan (*fig.* 8) et en coupe suivant C D (*fig.* 9), il est d'usage de procéder de la façon suivante :

En premier lieu, en partant du point bas (49^m,57) choisi pour la sortie des tombereaux, on fouille les terres de façon à établir une rampe d'accès de 1/10 par mètre sur toute la largeur réduite de 13^m,29, et on continue la rampe jusqu'à ce qu'on ait atteint le fond de fouille indiqué (47^m,29). Les terres piochées sont chargées directement au tombereau et enlevées.

Lorsque ce fond de fouille (47^m,29) est atteint, la fouille se continue jusqu'au talus de la banquette, laissée provisoirement, pour raison de sécurité, au long du mur mitoyen de gauche (non fondé) et qui doit être repris en sous-œuvre (cette banquette ne doit disparaître qu'au fur et à mesure de l'étaiement de ce mur).

Pour atteindre les parties de terrain restant à fouiller, on procède par abatage d'une partie de la largeur de la rampe existante ; on réserve l'autre partie comme rampe d'accès de 2^m,50 à 3 mètres de largeur environ suivant la consistance du terrain, pour le passage des tombereaux, en ménageant toutefois, pour solidité, et en plus de cette largeur, un talus d'une pente suffisante du côté de la partie fouillée. On continue ensuite jusqu'à l'extrémité du terrain à fouiller. Les terres piochées sont également chargées directement en tombereau et enlevées.

Terre-Plein
talus
Déblai à la cote 49.57
Fond de Fouille 47.29
Différence 2.28
15.20
16.90
10.17
13.42
C
D
(50.05)
(49.91)
(49.57)
49.77
Rue
Rue

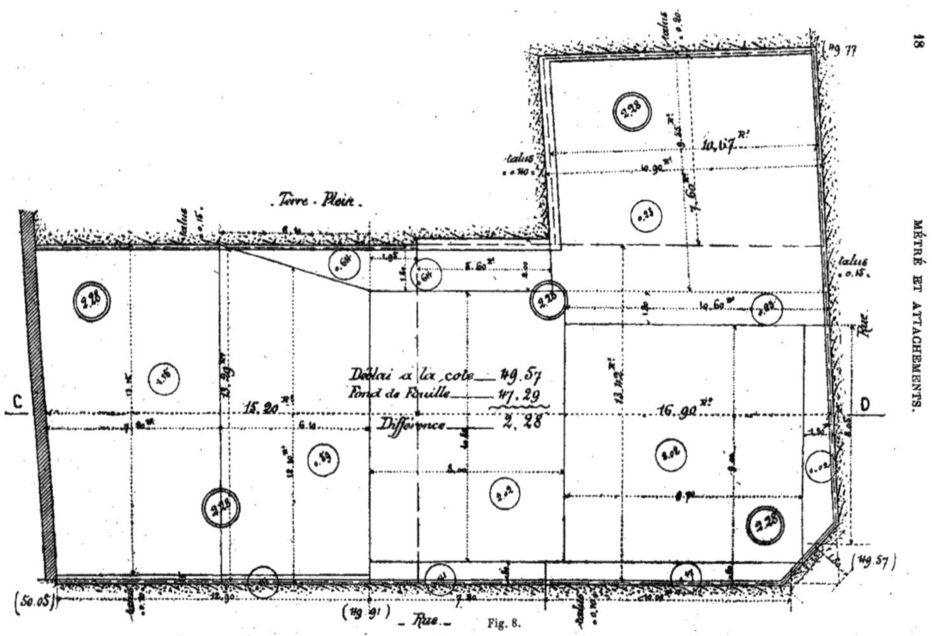

Fig. 8.

Une fois toutes ces terres piochées et enlevées (y compris la banquette qui avait été laissée provisoirement en attente de l'étaiement du mur mitoyen), il ne reste plus à fouiller (comme l'indique la figure 10) que la partie de rampe qui avait été réservée pour l'accès et la sortie des tombereaux.

Pour cette partie, les terres sont piochées et jetées sur berge (sol rampe) jusqu'à ce que l'on ait atteint la hauteur de $1^m,80$. A partir de cette hauteur, les terres sont jetées sur banquette, puis sur berge (sol rampe ou sol rue selon l'emplacement de la partie fouillée), chargées en tombereau et enlevées.

Métré.

Fouille en excavation de terre ordinaire compris nivellement des faces et des fonds suivant plan (*fig.* 8 et coupe suivant C.D. (*fig.* 9).

1° Parties considérées comme accessibles au tombereau par rampe de 1/10 par mètre.

Fouille en excavation de terre ordinaire avec chargement en tombereau et transport aux décharges publiques :

Parties au-dessus de la cote de déblai (49.57) (indiquées sur le plan, *fig.* 8, en petits caractères).

Suivant plan (*fig.* 8) ;

En commençant à gauche :

Longueur 7.20Rt × 13.15 de largeur = 94.68
× 1.15 d'épaisseur....... 108.882

à la suite pour parties intérieures

6.10 × 12.10Rt = 73.81
× 0.59 d'épais... 43.548
8.00 × 10.80 = 86.40
9.70 × 9.00 = 87.30
Surface......... 173.70
× 2.02 épaisseur. = 350.874

sur rues

à gauche pan-coupé

12.90 × 0.25 = 3.23
7.20 × 0.80 = 5.76
Surface............ 8.99
× 0.41 d'épaisseur...... 3.686
10.00Rt × 0.80.......... 8.00
× 0.17 d'épaisseur...... 1.360

en retour à droite pan-coupé

8.05 × 1.30Rt......... 10.47
× 0.02 d'épaisseur...... 0.209

sur terre-plein

Triangle de $\frac{6.10 \times 1.80}{2} = 5.49$
1.95 × 1.80 = 3.51
5.60Rt × 2.00 = 11.20
Surface.................... 20.20
× 0.64 d'épaisseur...... 12.928

à la suite, au fond

10.60 × 1.80......... 19.08
10.90 × 9.55Rt......... 104.10
Surface.................. 123.18
× 0.23 d'épaisseur...... 28.331

Parties en contre-bas de la cote de déblai (49.57) (indiquées sur le plan, *fig.* 8, en gros caractères).

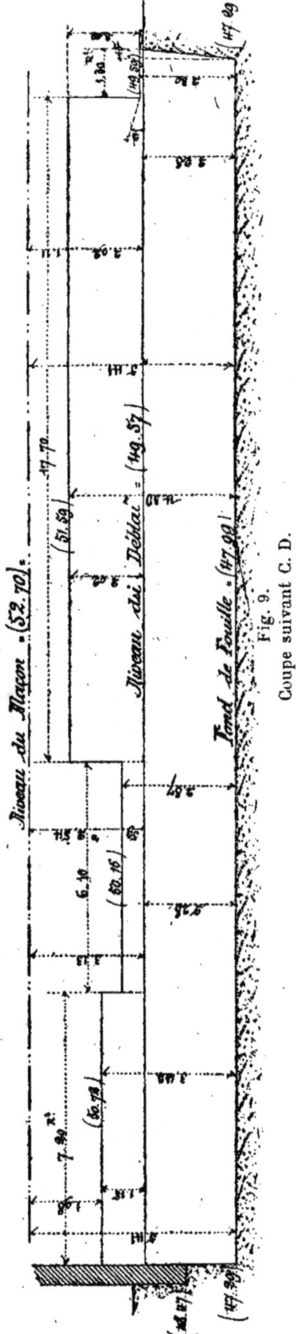

Fig. 9.
Coupe suivant C. D.

Suivant plan (*fig.* 8).
En suivant le même ordre que précédemment
15.20^{Rt} × 13.29^{Rt}.......... 202.01
à la suite
16.90^{Rt} × 13.42^{Rt}... 226.80
à déduire pan-coupé
Triangle de $\frac{3.35 \times 1.80}{2}$... 3.02
Reste...... 223.78 = 223.78
au fond 10.67^{Rt} × 7.60^{Rt}........ 81.09
Surface........... 506.88
× 2.28 profondeur (*fig.* 9).... 1.155,686
Cube............... 1.705,504

à déduire

1° Banquette compris talus au long mur mitoyen.
Suivant coupe (*fig.* 11).
larg. 2.00 × 3.43 haut. = 6.86
× 13.40^{Rt} long... 91.924
Triang. de $\frac{4.30 \times 3.43}{2}$ = 7.37
× 13.41^{Rt} long.... 98.832
N° 1. Cube.......... 190.756 = 190.756

2° Rampe d'accès compris talus.
Suivant coupe (*fig.* 12).
$\frac{18.00 \times 1.80}{2}$ = 16.20
× 3.30^{Rt} de larg. = 53.460
4.74^{Rt} × 1.83 = 8.53
× 3.63^{Rt} de larg. = 30.964
N° 2. Cube......... 84.424 = 84.424
$\frac{4.67^{Rt} \times 0.48}{2}$ = 1.12
N° 3. × 3.68^{Rt} de largeur......... 4.122
Cube de déduction............ 279.302 = 279.302
Reste..................... 1.426.202

Fouille en excavation de terre ordinaire.
Chargement en tombereau.
Transport aux décharges publiques.
ART. 26-48-73.
= 1426^{m},202

à reprendre: banquette et talus au long mur mitoyen.
Fouille en excavation de terre ordinaire avec chargement en tombereau dans l'embarras des étais et transport aux décharges publiques.
Le cube n° 1 déduit ci-dessus.........................

Fouille en excavation de terre ordinaire dans l'embarras des étais.
Chargement en tombereau dans l'embarras des étais.
Transport aux décharges publiques.
ART. 26 et 28—48 et 28—73.
190.756

(Saignées, pratiquées au préalable, pour permettre la pose des étais, non déduites, compensées par fouille de faible largeur et fausse main-d'œuvre par temps passé à la disposition des charpentiers.)
2° Parties considérées comme inaccessibles au tombereau.
Rampe d'accès et talus déduits ci-dessus.................

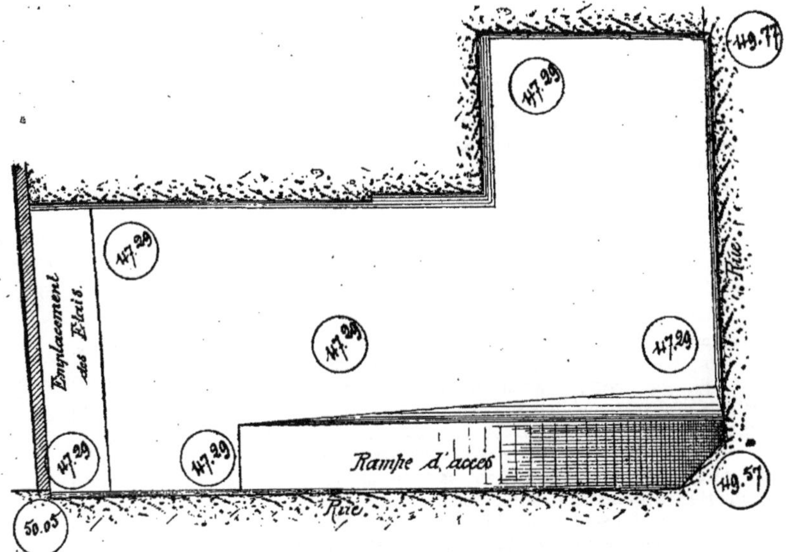

Fig. 10.

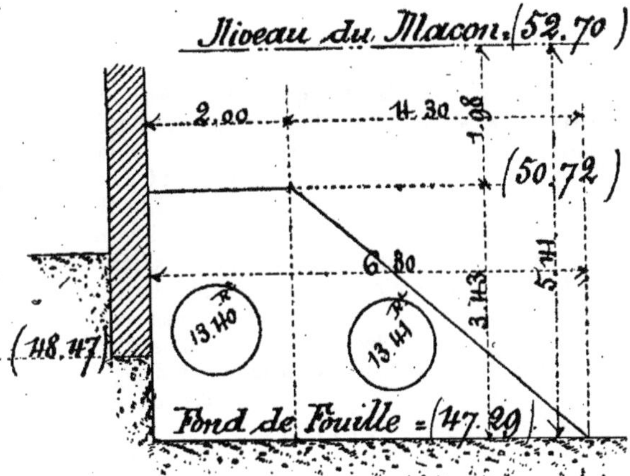

Fig. 11.

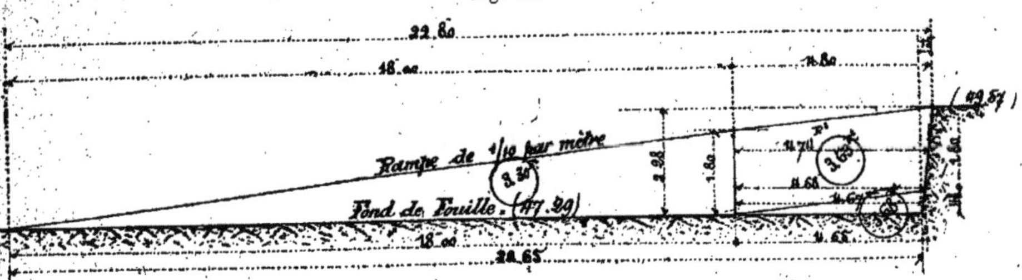

Fig. 12.

Partie jusqu'à 1m,80 de profondeur en contre-bas du sol de la rampe. Fouille en excavation de terre ordinaire avec jet sur berge (sol rampe), chargement en tombereau et transport aux décharges publiques. Le cube n° 2 déduit ci-dessus..........................	Fouille en excavation de terre ordinaire. — Jet sur berge. — Chargement en tombereau. — Transport aux décharges publiques. ART. 26-44-48-73. 84.424
Partie en contre-bas de 1m,80 du sol de la rampe. Fouille en excavation de terre ordinaire avec jet sur banquette, jet sur berge, chargement en tombereau et transport aux décharges publiques. Le cube n° 3 déduit ci-dessus.......................... NOTA. — Le remblai des vides laissés entre les murs de face sur rues et sur terre-plein étant fait au moyen de terres rapportées provenant de la fouille en rigoles, le cube nécessaire à ce remblai sera déduit du cube total des rigoles et repris ensuite pour remblai avec pilonnage, jets et roulages nécessaires.	Fouille en excavation de terre ordinaire. — Jet sur banquette. — Jet sur berge. — Chargement en tombereau. — Transport aux décharges publiques. ART. 26-45-44-48-73. 4.122

Exemples de métrés de fouilles en excavations inaccessibles au tombereau.

19. Une fouille est dite inaccessible au tombereau lorsqu'il y a réellement impossibilité de pénétrer avec le tombereau dans l'intérieur de cette fouille pour y pratiquer l'enlèvement des terres.

Différents cas se présentent assez souvent : les trois principaux sont les suivants :

On a à pratiquer la fouille d'un terrain situé dans la cour d'un immeuble ne communiquant pas avec la rue par un passage praticable pour les voitures, ou bien le terrain à fouiller se trouve dans un passage interdit aux voitures, ou bien encore le terrain, quoique au bord d'une rue, se trouve en contre-bas du sol de cette rue, les fouilles en excavation ne pouvant par conséquent être, même par parties, fouillées directement au moyen de rampes de 0m,10 par mètre au maximum, les terres doivent subir une manipulation préalable au chargement. De ce fait, il est dû à l'entrepreneur tous les jets, roulages, etc., nécessaires au transport des terres à la rue en attente des tombereaux.

Le transport à la brouette se compte par relais, conformément aux articles 64 et 65 énoncés à la Série (p. 5):

« Transport à la brouette.

ART. 64. — « Par relais de 30 mètres sur « un chemin horizontal ou descendant, « ou de 20 mètres sur un chemin montant de plus d'un dixième, compris « installation des planchers nécessaires :

« De terre ou gravois 0f,32 le mètre cube ;

« De tuf 0f,35 le mètre cube ;

« De terre glaise, 0f,38.

ART. 65. — « Pour chaque relais com- « mencé, mais incomplet, c'est-à-dire ne « comportant pas la distance fixée ci-des- « sus, il sera déduit pour chaque quart de « relais en moins (chaque quart com- « mencé étant acquis à l'entrepreneur) :

De terre ou gravois 0f,08 le mètre cube ;

De tuf 0f,08 ;

De terre glaise 0f,09.

« Observation 66. — *Le premier relais n'est pas divisible, il est toujours acquis entier à l'entrepreneur.*

Métré numéro 3.

20. Fouille en excavation d'un terrain inaccessible au tombereau, composé de terre ordinaire et d'une partie de dallage en ciment, et situé dans la première zone (VIe arrondissement).

Dans l'exemple représenté par la

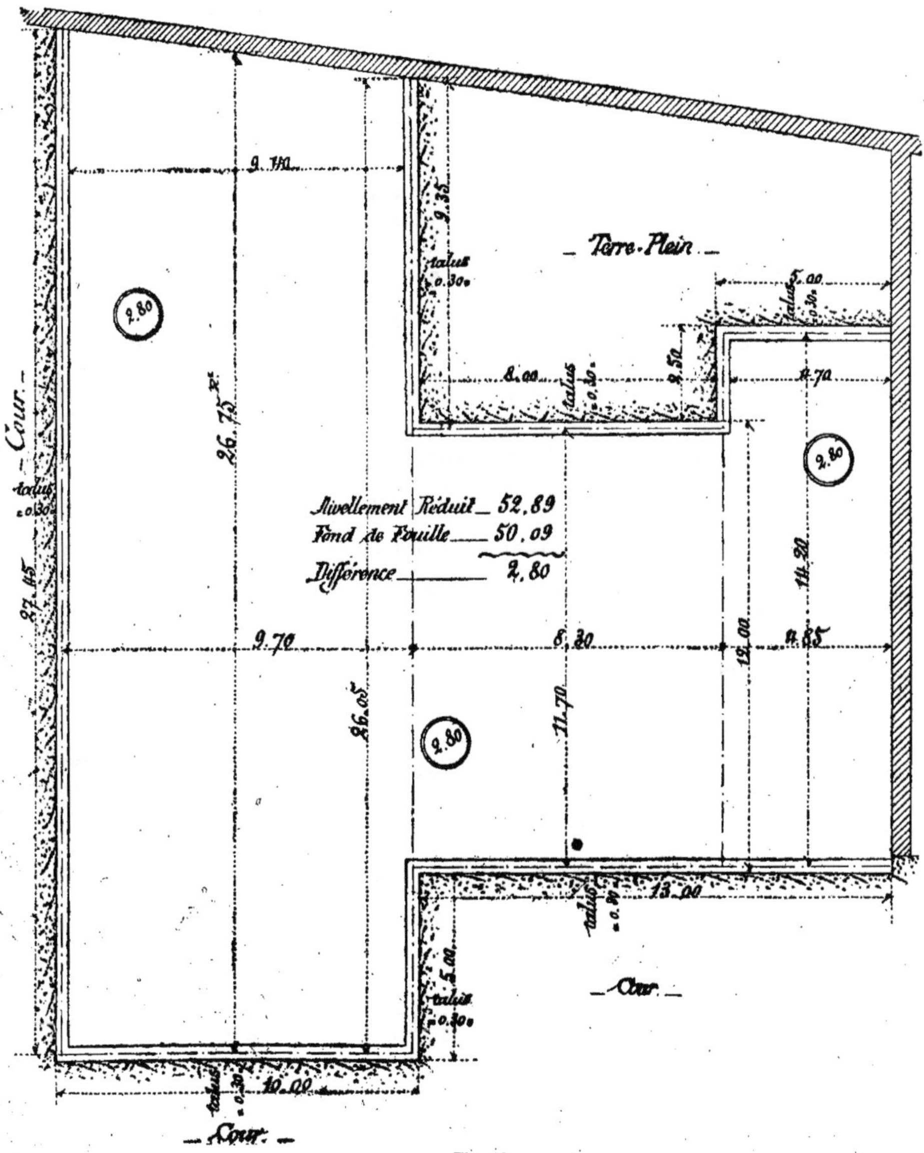

Fig. 13.

figure 13, les tombereaux n'ayant pas accès au bord de la fouille sont restés dans la rue, à une distance de 45 mètres réduits du milieu de la fouille, ce qui a nécessité un transport à la brouette sur toute cette longueur afin de déposer les terres sur le trottoir de la rue pour être chargées ensuite en tombereaux et enlevées aux décharges publiques.

D'autre part, les prix de règlement de la Série de Terrasse ne comportant pas celui de la fouille de dallage en ciment, il faut se conformer à l'observation 93 (énoncée ci-après) de la Série de Terrasse et procéder par analogie avec une série de prix éditée par la Société Centrale.

Observation 93. — *Les fournitures ou ouvrages non compris dans la présente Série, s'ils se trouvent inscrits dans l'une quelconque des Séries de prix éditées par la Société Centrale, seront payés aux prix portés dans lesdites Séries.*

Donc le prix à appliquer par analogie est celui de la Série des ciments (p. 206), articles 68 et 69 pour les démolitions faites à la pioche, et articles 70 et 71 pour celles faites au ciseau et au coin.

DÉMOLITIONS DE DALLAGES

(Art. 68). — « En ciment jusqu'à 0.10 « d'épaisseur sans transport de déblais.
Le mètre superficiel...... 0.75

(Art. 69). — « Chaque centimètre d'épaisseur en plus... 0.075

(Art. 70). — « En ciment, « faite au ciseau ou au coin jus- « qu'à 0.10 d'épaisseur.
Le mètre superficiel..... 1.50

(Art. 71). — « Chaque centimètre d'épaisseur en plus... 0.15

Métré.

Fouille en excavation de terre ordinaire compris nivellement des faces et des fonds.

1° Partie supérieure jusqu'à 1m,80 de profondeur en contrebas du nivellement réduit.

Fouille en excavation de terre ordinaire avec jet sur berge, chargement en brouette, transport (à 1 relais 1/2) à la rue (45 mètres) (sur chemin approximativement horizontal) en attente du tombereau.

Suivant plan, (*fig.* 13.)

	9.70 × 26.75R'............	259.48	
	8.30 × 11.70............	97.11	
	4.85 × 14.20............	68.87	
N° 1.	Surface...........	425.46	
N° 2.	× 1.80 de profondeur..........		765.828

à déduire : Partie de dallage en ciment.

10.00 × 5.00 = ...	50.00	
× 0.15 d'épaisseur....		7.500
Reste...........		758.328 =

Fouille en excavation de terre ordinaire.
Jet sur berge.
Chargement en brouette.
Transport à la brouette à 1 relais 1/2.
Art. 26-44-47-64 et 65.
758.328

2° Partie en contre-bas de 1m,80 du nivellement réduit.

Fouille en excavation de terre ordinaire avec jet sur banquette, jet sur berge, chargement en brouette, transport (à 1 relais 1/2) à la rue en attente du tombereau.

	Surface n° 1 ci-dessus......	425.46	
N° 3.	× 1.00 de profondeur........		425.460 =

Fouille en excavation de terre ordinaire.
Jet sur banquette.
Jet sur berge.
Chargement en brouette.
Transport à la brouette à 1 relais 1/2.
Art. 26-45-44-47-64 et 65.
425.460

	Argent.
à reprendre Fouille de dallage en ciment de 0.15 d'épaisseur. 10.00 × 5.00........... 50,00 à 1f,125 le mètre superficiel (par analogie à démolition à la pioche de dallage en ciment de 0.15 d'épaisseur (série des ciments, page 206, articles 68 et 69) sans transport de déblais).	56 25
Reprise ensuite de déblais provenant de la démolition du dallage pour chargement en brouette, transport (à 1 relais 1/2 *idem*) à la rue en attente du tombereau. Surface *idem*, 50.00 × 0.15 d'épaisseur..	Chargement en brouette de gravois. — Transport à la brouette à 1 relais 1/2. Art. 47-64 et 65. 7.500
Reprise ensuite de toutes les terres et gravois provenant de la fouille ci-dessus et laissés en attente sur le sol rue; pour chargement en tombereau et transport aux décharges publiques. Le cube n° 2................ 765.828 Le cube n° 3................ 425.460 Cube total............... 1191.288 =	Chargement en tombereau de terre et de gravois. — Transport aux décharges publiques. Art. 48-72. 1.191.288
Nota — Pour le remblai des vides laissés entre les murs de face et les parois de la fouille, même observation qu'aux exemples de métrés précédents.	

21. Dans le deuxième cas ci-dessus précité, où le terrain à fouiller se trouve dans un passage interdit aux voitures, le mode de métrer est absolument le même que le précédent, sauf la quantité de relais qui varie selon la distance réduite du terrain à fouiller, à l'endroit où le tombereau cesse d'avoir accès.

En supposant que cette distance réduite soit de 70 mètres sur un chemin horizontal ou descendant, le nombre de relais sera de 2 1/2 (chaque quart de relais commencé étant acquis à l'entrepreneur).

Dans le troisième cas, cité également ci-dessus, le terrain à fouiller se trouve en contre-bas du sol de la rue.

Prenons pour exemple un terrain à fouiller dont le nivellement réduit est à 1m,10 en contre-bas du sol de la rue.

Dans ce cas, nous aurons à compter en plus de la fouille tous les jets sur berge et sur banquette, selon la profondeur de la fouille, pour jeter les terres sur le sol du terrain, la reprise ensuite des terres sur ce sol pour chargement en brouette, transport à la brouette au pied du talus sur rue, jet sur berge pour amener les terres sur le sol de la rue (à l'endroit où se fait le chargement des tombereaux); chargement ensuite en tombereau et transport aux décharges, s'il y a lieu.

Plus-values pour fouilles en excavation ou en rigoles, tranchées ou trous.

22. Lorsque des fouilles en excavation ou en rigoles, tranchées ou trous, sont exécutées, soit dans l'embarras des étais, soit en sous-œuvre de construction ou dans l'eau, il est acquis à l'entrepreneur, en vertu des articles de la Série de Terrasse (de 28 à 35 inclus), un surcroît sur le prix ordinaire de fouille comme dédommagement des difficultés exceptionnelles qui ont été rencontrées dans l'exécution de la fouille.

Ainsi, toutes les fouilles, tant en excavation qu'en rigoles, tranchées ou trous, lorsqu'elles sont exécutées dans l'embarras des étais, en sous-œuvre de construction ou dans l'eau, ont droit, suivant le cas, à une des plus-values mentionnées ci-après, en excédent sur les prix accordés pour ces mêmes fouilles quand elles sont exécutées dans des conditions ordinaires prévues aux articles 26 et 27 de la Terrasse.

PLUS-VALUES POUR FOUILLES

« Art. 28. — Dans l'embarras des étais :
« Terre, gravois, tuf, terre glaise.................. 1/4
« Roche, gypse, assises, anciennes maçonneries.... 1/8
« En sous-œuvre de construction :
« Art. 29. — Par tasseaux, sans étais :
« Terre, gravois, tuf, terre glaise................. 1/2
« Roche, gypse, assises, anciennes maçonneries..... 1/4
« Art. 30. — Par petites parties dans l'embarras des étais :
« Terre, gravois, tuf, terre glaise................ 1 fois
« Roche, gypse, assises, anciennes maçonneries..... 1/2
« Dans l'eau :
« Art. 31. — Sans embarras d'étais :
« Terre, gravois, tuf, terre glaise.................. 1/2
« Roche, gypse, assises, anciennes maçonneries.... 1/4
« Art. 32. — Avec embarras d'étais :
« Terre, gravois, tuf, terre glaise.................. 3/4
« Roche, gypse, assises, anciennes maçonneries.... 3/8
« Art. 33. — En sous-œuvre de construction dans l'embarras des étais :
« Terre, gravois, tuf, terre glaise............. 1 fois 1/2
« Roche, gypse, assises, anciennes maçonneries.. 3/4 ».

« Observation 34. — *Les plus-values de sous-œuvre ne seront appliquées qu'aux seules terres fouiliées directement au-dessous des constructions existantes. Elles ne seront pas applicables à la fouille des talus qui pourraient être laissés provisoirement au droit des parties à reprendre en sous-œuvre.*

« Observation 35. — *Aussitôt les terres sorties de ces diverses difficultés, les plus-values cesseront de leur être applicables.* »

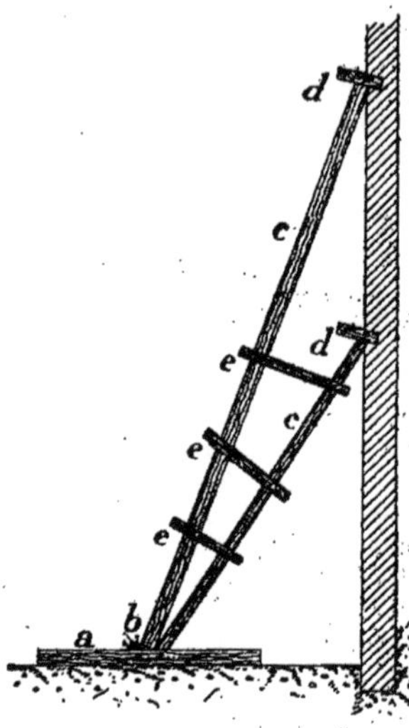

Fig. 14.

Plus-value pour fouilles faites dans l'embarras des étais.

23. Une fouille est dite faite dans l'embarras des étais, lorsque, ce qui existe presque toujours, les étaiements sont une cause de gêne dans l'exécution de cette fouille.

Quoique le mémoire, fourni par le charpentier qui a loué les étais, puisse servir de preuve à l'appui, il est néanmoins prudent de faire reconnaître par attachement les diverses parties de fouilles pour lesquelles cette plus-value est applicable.

24. Dans une fouille, on emploie les étais pour soutenir les parties supérieures d'un mur pignon, soit qu'on veuille le reprendre en fondation, soit qu'on veuille le descendre à une plus grande profondeur. On les emploie encore pour s'opposer à l'éboulement des parois d'une fouille en excavation ou en tranchées.

Lorsqu'on a à compter des tranchées, dans les murs, trous, entailles, scellements ou calfeutrements des différentes pièces de bois employées à un étaiement, il arrive très souvent qu'on ne se trouve pas d'accord sur les termes à appliquer à chacun d'eux : nous croyons donc être utile à nos lecteurs en leur donnant un aperçu succinct des définitions les plus fréquemment employées.

Prenons, pour exemple (*fig.* 14), l'étaiement d'un mur pignon à reprendre en sous-œuvre :

Couche, *couchis*, *semelle*, *plate-forme*.

Ces quatre mots, synonymes, servent à désigner la pièce de bois *a* couchée sur le sol ou contre une paroi verticale recevant le pied d'une contre-fiche, ou étançon, ou bien d'un étrésillon.

Contre-fiche ou *étançon*.

Ces deux mots, ayant également même signification, servent à désigner un étai *c* placé obliquement pour soutenir une construction ou un mur. Le pied de la contre-fiche, ou étançon, repose sur la semelle et y est maintenu par une détente clouée ou chevillée.

Détente. — Une détente est une cale *b* en forme de coin que l'on place sous le pied des étais pour les empêcher de glisser.

Coin. — Dans un étaiement, on donne le nom de coin à la pièce de bois *d* dont une partie est scellée dans le mur à soutenir, l'autre partie étant destinée à recevoir la tête de la contre-fiche.

Etrésillons. — Pièces de bois *e* réunissant les contre-fiches entre elles pour les rendre solidaires l'une de l'autre et éviter le flambement.

L'étaiement des parois d'une fouille en excavation est le plus souvent composé de la façon suivante :

Contre les parois de terre de la fouille, on pose horizontalement des couchis ou planches sur lesquels on appuie debout des couchis destinés à recevoir la butée des contre-fiches qui, elles-mêmes, sont maintenues au pied par de forts coins enfoncés dans le sol.

L'étaiement des parois d'une fouille en tranchées est également composé de couchis placés les uns horizontalement, les autres debout et dont l'écartement est maintenu de distance en distance par des étrésillons placés horizontalement ou en zigzags, c'est-à-dire inclinés alternativement en sens contraire.

Plus-value pour fouilles en sous-œuvre de construction.

25. Une fouille est dite en sous-œuvre de construction lorsqu'elle est faite pour la reprise des murs, soit par suite de mauvais état, soit pour le descendre à une plus grande profondeur.

La valeur accordée en plus-value pour fouille en sous-œuvre de construction varie selon les difficultés rencontrées dans l'exécution, soit qu'elle soit faite avec tasseaux sans étais, c'est-à-dire successivement par petites parties, afin de n'avoir pas à faire des étaiements considérables, soit qu'elle soit faite par petites parties dans l'embarras des étais pour ne pas ébranler l'ensemble de la construction et ne pas nuire à la solidité du mur que l'on reprend en sous-œuvre.

Comme pour la plus-value d'étais, il est également nécessaire de faire constater par attachement les parties de fouille qui sont exécutées en sous-œuvre.

Plus-value pour fouilles dans l'eau.

26. On désigne par fouille dans l'eau toute fouille dont l'exécution se fait dans des terrains *vaseux* ou *aquifères*, c'est-à-dire dans tous les terrains portant de l'eau provenant soit d'infiltrations souterraines, soit de marais, étangs, puisards, etc.

27. Ne sont pas considérées comme fouilles faites dans l'eau les fouilles exécutées dans des terrains boueux, si cet état de choses est produit par des pluies torrentielles ou provient de conduites d'eau se déversant accidentellement sur la surface du terrain à fouiller.

La plus-value pour fouilles dans l'eau varie, comme il est dit ci-dessus, selon les difficultés rencontrées dans l'exécution du travail, soit que la fouille soit exécutée sans embarras d'étais ou avec embarras d'étais, ou bien encore en sous-œuvre de construction dans l'embarras des étais.

La plus-value pour fouilles faites dans l'eau ne comprend pas les frais d'épuisement d'eau, non plus que les frais d'assainissement ou de ventilation pour les terrains infectés ou manquant d'air : L'observation générale, article 43 de la Série de Terrasse, ne laisse aucun doute à ce sujet :

Art. 43. — Observation générale. — « *Dans toutes les fouilles, quelle qu'en soit* « *la nature, les frais d'épuisement d'eau* « *seront comptés à part. Il en sera de même* « *des frais d'assainissement ou de ventila-* « *tion pour les terrains infectés ou man-* « *quant d'air. Dans ce dernier cas, la main-* « *d'œuvre sera traitée de gré à gré.* »

Il est absolument indispensable de faire constater par attachement les parties de fouilles exécutées dans l'eau, étant donné qu'une fois le terrain fouillé il ne subsiste généralement plus aucune trace de l'existence de l'eau.

28. Dans l'exemple de fouille en excavation qui précède (métré n° 2) nous avons donné un modèle d'application de plus-value de fouille faite dans l'embarras des étais. Dans les exemples qui suivront nous donnerons également, en complément des explications déjà fournies sur les diverses plus-values applicables aux fouilles, des applications de toutes ces plus-values.

Transport au tombereau de terres ou gravois, de tuf et de terre glaise.

29. Dans tous les exemples de métré de fouille en excavation détaillés précédemment, nous avons supposé que les terres provenant de ces fouilles étaient transportées aux décharges publiques.

Le prix à appliquer pour ce transport varie, non seulement suivant la nature du terrain à fouiller, mais encore selon la situation zonale de ce terrain.

Les arrondissements de Paris sont classés en deux zones: la première zone comprend les Ier, IIe, IIIe, IVe, Ve, VIe, VIIe, VIIIe, IXe, Xe et XIe arrondissements.

La deuxième zone comprend les XIIe, XIIIe, XIVe, XVe, XVIe, XVIIe, XVIIIe, XIXe et XXe arrondissements.

Le prix du mètre cube de transport aux décharges publiques ne *comprend pas le chargement en tombereau*, mais il comprend le temps perdu pendant le chargement, le déchargement et le droit de décharge.

30. On désigne sous le nom de *décharges publiques* des emplacements (terrains vagues ou anciennes carrières, etc., à combler), affectés soit par la Ville de Paris, soit par la municipalité d'une localité ou par des particuliers, aux dépôts de terres, gravois, etc., provenant notamment des fouilles de terrains, des démolitions de constructions, etc.

Pour le transport aux décharges publiques des déblais provenant d'un chantier situé dans la première zone (Ier, IIe, IIIe, IVe, Ve, VIe, VIIe, VIIIe, IXe, Xe et XIe arrondissements), les prix à appliquer sont les suivants :

« Art. 72. — « De terre ou gravois, le mètre cube 4.49
« De tuf, le mètre cube 4.94
« De terre glaise, le mètre cube 4.49

Pour le transport aux décharges publiques des déblais provenant d'un chantier situé dans la deuxième zone (XIIe, XIIIe, XIVe, XVe, XVIe, XVIIe, XVIIIe, XIXe et XXe arrondissements), les prix à appliquer sont les suivants :

« Art. 73. — « De terre ou gravois, le mètre cube 3.79
« De tuf, le mètre cube 4.17
« De terre glaise, le mètre cube 3.79

Les prix ci-dessus s'appliquent à des cubes mesurés au vide de la fouille et comportant un foisonnement de un quart. Il en résulte que, pour obtenir le prix d'un mètre cube mesuré dans le tombereau, on devra réduire ces prix d'un cinquième, soit :

Pour le transport aux décharges publiques de déblais *mesurés dans le tombereau* et provenant d'un chantier situé dans la première zone.

« Art. 74. — « De terre ou gravois, le mètre cube 3.60
« De tuf........ 3.96
« De terre glaise. 3.60

Pour le transport aux décharges publiques de déblais *mesurés dans le tombereau* et provenant d'un chantier situé dans la deuxième zone.

« Art. 75. — « De terre ou gravois, le mètre cube 3.03
« De tuf, le mètre cube 3.33
« De terre glaise, le mètre cube 3.03

31. D'après les prix ci-dessus, il n'est pas accordé à l'entrepreneur de plus-value pour l'enlèvement de la terre glaise, l'observation 76 de la Série de Terrasse ne laisse aucun doute à ce sujet.

« Observation 76. — *Il n'est pas porté « de plus-value pour l'enlèvement de la « terre glaise, le boni étant certain pour « cette matière.* »

Il est évident que l'esprit de la Série ne

comprend dans cette observation que la terre glaise dont l'entrepreneur peut tirer parti, soit par exemple : les glaises ordinaires qui, bien battues et bien pétries, servent à faire des corrois destinés à empêcher l'infiltration des eaux (bassins, réservoirs, étangs, rivières artificielles, etc., — les glaises de qualité supérieure dont on se sert pour la fabrication de briques, tuiles, poteries, etc.).

Mais lorsqu'il s'agit de terre glaise bleue, rouge ou absolument inutile, en un mot de la glaise de laquelle il sera prouvé qu'on n'a pu tirer aucun parti, il y a lieu, suivant l'usage, et en cela MM. les Experts eux-mêmes y font droit, d'accorder à l'Entrepreneur, pour transport et enlèvement de terre glaise, une plus-value de *un cinquième* sur le prix de transport de terre ou gravois.

32. Non seulement les prix de transport aux décharges publiques comprennent un foisonnement de un quart (articles 72 et 73), mais il en est de même pour les prix de fouilles, de jets, de chargements, de roulages, etc., qui sont également majorés de un quart pour foisonnement (obs. 51 de la Série).

Prenons pour exemple un déblai de 20 mètres cubes (0m,40 de profondeur) de terre ordinaire provenant d'un chantier situé dans la première zone (VIIe arrondissement) avec chargement en brouette, transport à un relais (15 mètres sur chemin horizontal), chargement ensuite en tombereau et transport aux décharges publiques.

Si ce cube de 20 000 a été mesuré au vide de la fouille, le prix du mètre cube à appliquer se décomposerait comme suit :

Déblai de terre ordinaire de 0.40 d'épais. (article 26, colonne 1).	0.51
Chargement en brouette de terre ordin. (article 47, colonne 1).	0.32
Transport à la brouette à 1 relais.... (article 64, colonne 1).	0.32
Chargement en tombereau........... (article 48, colonne 1).	0.36
Transport aux décharges publiques de terre ordinaire provenant d'un chantier situé dans la première zone.... (article 72, colonne 1).	4.49
Prix du mètre cube.........	6.00

Au contraire, si ce cube a été mesuré d'après le cube des tombereaux, le prix du mètre cube à appliquer sera le suivant :

Déblai de terre ordinaire de 0.40 d'épaisseur........................	0.408
Chargement en brouette de terre ordinaire..........................	0.256
Transport à la brouette à 1 relais....	0.256
Chargement en tombereau...........	0.288
Transport aux décharges publiques de terre ordinaire provenant d'un chantier situé dans la première zone...	3.592
Prix du mètre cube.........	4.800

33. Toutes les terres, gravois ou autres, ne sont pas toujours transportés aux décharges publiques ; il peut arriver que ces déblais soient transportés dans un endroit désigné à l'entrepreneur.

Dans ce cas, le transport se compte d'après la distance parcourue.

Art. 69. — A 100 mètres de distance, compris temps perdu pour chargement et déchargement.

De terre ou gravois.........	0f,89
De tuf.....................	0 ,98
De terre glaise.............	1 ,07

Art. 70. — Chaque relais de 100 mètres en plus jusqu'à 500 mètres.

De terre ou gravois..........	0f,19
De tuf..................	0 ,21
De terre glaise............	0 ,23

Art. 71. — Chaque relais de 100 mètres en plus des 500 premiers mètres.

De terre ou gravois..........	0f,11
De tuf.....................	0 ,12
De terre glaise.............	0 ,13

Le prix d'un mètre cube de terre glaise mesurée au vide de la fouille à transporter au tombereau, dans un endroit situé, par exemple, à 2 000 mètres de distance du terrain fouillé, se composera, y compris le chargement, comme suit :

Chargement en tombereau, de terre glaise			0.43	(art. 48 col. 3).
		Transport au tombereau :		
1er relais de	100	mètres de distance y compris temps perdu pour chargement et déchargement	1.07	(art. 69 col. 3).
4 relais che 100 m.	400	jusqu'à 500 mètres à 0f,23 le relais.	0.92	(art. 70 col. 3).
15 relais che 100 m.	1.500	en plus des 500 premiers mètres à 0f,13 le relais	1.95	(art. 71 col. 3).
Distance	2.000	mètres. Prix du mètre cube..	4.37	

Déblais.

34. Les déblais sont, comme les fouilles en excavation, des fouilles faites en pleine masse.

Le prix à appliquer varie selon l'épaisseur du déblai. Les déblais ayant plus de 2 mètres de largeur et 0m,25 d'épaisseur et au-dessus se comptent comme la fouille en excavation (*pour la fouille seulement*) au mètre cube aux prix suivants :

Déblai 0.25 d'épaisseur et au dessus ;
- — de terre ou gravois, le mètre c. (article 26, colonne 1). 0.51
- — de tuf, le mètre cube (article 26, colonne 2). 0.66
- — de terre glaise, le mètre cube.. (article 26, colonne 3). 0.89
- — de roche, assises, gypse, anciennes maçonneries (article 26, colonne 4). 2.23

Au-dessous de 0m,25 d'épaisseur, le repiquage ou déblai de terre se compte d'après l'épaisseur au mètre superficiel aux prix ci-après :

Jusqu'à 0.05 d'épaisseur (article 84). 0f.10

Chaque épaisseur de 0.05 en plus, jusqu'à 0.25 exclusivement (article 85). 0.04

Métré numéro 4.

35. Fouille en déblai et déblai de terre ordinaire de la cour d'un bâtiment (cour inaccessible au tombereau), situé dans la deuxième zone (XXe arrondissement) avec transport des terres aux décharges publiques (*fig.* 15).

Métré.

1° Parties de 0.25 d'épaisseur et au-dessus.
Fouille en déblai de terre ordinaire avec jet sur berge.
Suivant plan (*fig.* 15).
au fond, à gauche, de 0.25 d'épaisseur.

3.35×2.32 .... 7.77

$\frac{2.10 \times 2.10}{2} = 2.21$

à déduire :
Segment de 2.90 de corde et de 0.60 de flèche
Soit : $2.90 \times 0.60 = 1.74$ $2/3 = 1.16$

Reste...... 1.05 = 1.05

Surface........... 8.82

$\times$ 0.25 d'épaisseur.................. 2.205

à la suite de 0.32 d'épaisseur
7.75×5.70........... 44.18
$\times$ 0.32 d'épaisseur.................. 14.138

à droite de 0.40 d'épaisseur
3.38×4.05........... 13.69
$\times$ 0.40 d'épaisseur.................. 5.476

N° 1. Cube......... 21.819 =

Fouille en déblai de terre ordinaire. — Jet sur berge.
Art. 26 et 38.
21.819

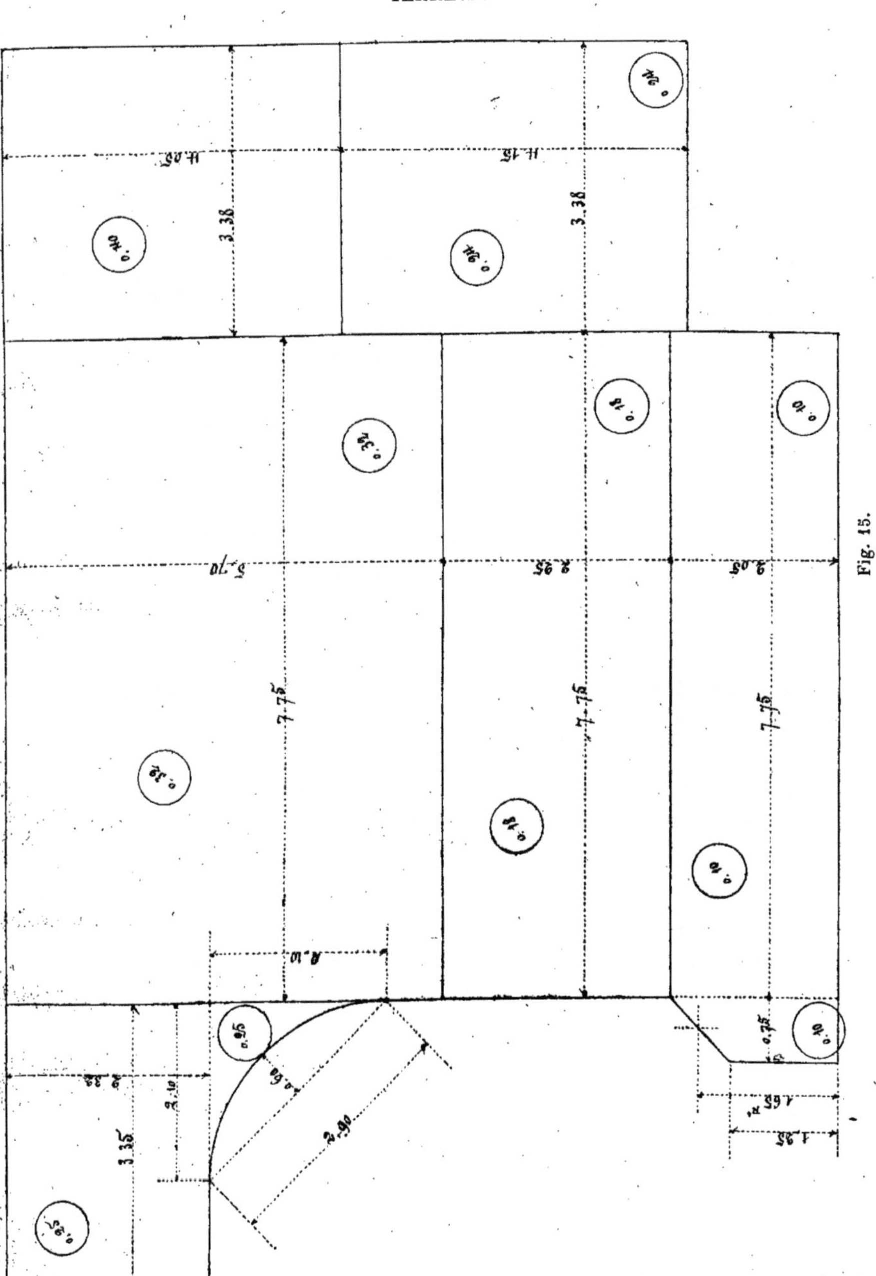

Fig. 15.

2° Parties jusqu'à 0.25 d'épaisseur exclusivement.	
Repiquage ou déblai de terre ordinaire, suivant plan (*fig.* 15 *idem.*)	Repiquage de terre de 0.18 d'épaisseur.
de 0.18 d'épaisseur.	ART. 84 et 85.
N° 2. 7.75 × 2.25........................	17.44
de 0.24 d'épaisseur.	Repiquage de terre de 0.24 d'épaisseur.
	ART. 84 et 85.
N° 3. 3.38 × 4.15........................	14.03
de 0.10 d'épaisseur.	
à gauche..... 0.75 × 1.65Rt............ 1.24	Repiquage de terre de 0.10 d'épaisseur.
à droite...... 7.75 × 2.05............ 15.89	ART. 84 et 85.
N° 4. Surface......... 17.13 =	17.13
Reprise ensuite des terres provenant des déblais ci-dessus pour chargement en brouette, transport à 1 relais (25m,00Rt) à la rue, chargement ensuite en tombereau, et transport aux décharges publiques :	
Soit :	
Cube n° 1............................ 21.819	Chargement en brouette de terre ordinaire.
Surface n° 2.................. 17.44	—
× 0.18 d'épaisseur............... 3.139	Transport à la brouette à 1 relais.
Surface n° 3.................. 14.03	—
× 0.24 d'épaisseur............... 3.367	Chargement en tombereau.
Surface n° 4.................. 17.13	—
× 0.10 d'épaisseur............... 1.713	Transport aux décharges publiques.
	ART. 47-64-48-73
Cube.............. 30.038	30.038

Exemples de Métrés de fouilles en rigoles, tranchées ou trous.

36. Sont considérées comme fouilles en rigoles, tranchées ou trous, toutes les fouilles ayant jusqu'à 2 mètres de largeur au fond. Elles doivent être comptées au mètre cube pour la fouille, y compris jet sur berge, aux prix fixés par l'article 27 de la Série de Terrasse, à l'exception, toutefois, des tranchées faites pour pose de tuyaux en terre, grès, fonte, ciment ou plomb, lesquelles sont comptées au mètre linéaire.

« Fouille compris nivellement des faces et des fonds :

« ART. 27. — En rigoles, tranchées ou trous jusqu'à 2 mètres de largeur au fond (compris jet sur berge).

« De terre ou gravois......... *le mètre cube* 1f,05

« De tuf........ *le mètre cube* 1f,57

« De terre-glaise. » » » 1,83

« De roche, assises, gypse, anciennes maçonneries.................. 3,35

Les prix indiqués ci-dessus sont également susceptibles d'être augmentés dans les divers cas mentionnés précédemment (page 25) aux plus-values pour fouilles en excavation ou en rigoles, tranchées ou trous.

Métré numéro 5.

37. Fouille en rigoles d'un terrain accessible au tombereau, composé de terre ordinaire pour fondations d'une construction à élever sur terre-plein. Les terres provenant de la fouille ayant été transportées au tombereau dans un endroit désigné à l'entrepreneur et situé, par exemple, à une distance de 3500 mètres du terrain fouillé (*fig.* 16 et 17).

épaisseur pour être dressée, on emploie alors des *renformis* au lieu d'enduits.

Garçon moucheteur ou enduiseur. — Voir ci-dessus, au mot *garçon*.

Gardien. — Suivant le cas, le même hommer emplissant les fonctions de gardien peut indifféremment prendre la dénomination de : *gardien de jour*, *gardien de nuit*, ou bien encore *gardien de rue*.

Gardien de jour. — Dans les travaux de construction, principalement dans ceux qui sont exécutés pour le compte de l'Etat, un homme est chargé d'interdire l'entrée des chantiers aux étrangers (le public), de maintenir le bon ordre et d'empêcher la sortie illicite des matériaux; c'est ce qu'on nomme le gardien de jour.

Gardien de nuit. — Dans les travaux de construction, aussi bien dans ceux qui sont exécutés pour le compte de l'Etat que dans ceux exécutés pour le compte des particuliers, il existe un *gardien de nuit* qui a pour mission de garder les matériaux, les approvisionnements, les constructions, les outils et le matériel en l'absence des ouvriers. Les jours de paie et les jours fériés, ce même *gardien de nuit* est également chargé de la garde des chantiers pendant la journée; il devient alors *gardien de jour*. Les *avances* de fonds pour cette dépense incombent généralement à l'entrepreneur de maçonnerie, à qui son cahier des charges impose les avances de frais de gardiennage, éclairage et autres frais, qui sont ensuite répartis au marc le franc entre tous les entrepreneurs ayant concouru à l'édification du ou des bâtiments construits. Nous réservant de nous étendre plus longuement sur la répartition des frais de gardiennage de nuit ainsi que sur ceux d'éclairage et autres avancés par l'entrepreneur de maçonnerie et formant par leur réunion ce que l'on appelle le mémoire de *prorata*, nous nous en tenons là à ce sujet. Nous commenterons dans un même exemple de métré tous les articles que l'usage a dénommés sous la rubrique : *Travaux de prorata*.

Gardien de rue. — Le gardien de rue est celui exigé par les ordonnances de police, en cas d'absence de barrière et conformément à l'article 64 de l'ordonnance du Préfet de police concernant la sûreté, la liberté et la commodité de la circulation en date du 25 juillet 1862 (page 1216 de la série de la Société centrale des Architectes, édition 1899-1900) et dont nous donnons copie ci-après :

ARTICLE 64. — Tous entrepreneurs, maçons, couvreurs, fumistes, badigeonneurs, plombiers, menuisiers et autres exécutant ou faisant exécuter aux maisons et bâtiments riverains de la voie publique des ouvrages pouvant faire craindre des accidents, ou susceptibles d'incommoder les passants, seront tenus, s'il n'y a point de barrière au-devant des maisons et bâtiments, de faire stationner dans la rue, pendant l'exécution des travaux, un ou deux ouvriers, âgés de dix-huit ans au moins, munis d'une règle de 2 mètres de longueur, pour avertir et éloigner les passants.

PRIX DE LA SÉRIE

8. D'après le premier alinéa de la remarque énoncée dans la colonne « Observations», placée à droite des prix élémentaires et des prix de règlement et ainsi conçu :

« **Les prix des salaires varient avec la valeur de l'ouvrier et ne peuvent résulter que d'un contrat libre entre lui et le patron** » ;

Il faut conclure que les prix de journées alloués par la Série ne comprennent pas les plus-values qui, d'ordinaire, se débattent entre les patrons et les ouvriers, telles que les suivantes :

1° Pour les déplacements forcés qui obligent l'ouvrier à coucher hors de son domicile ;

2° Pour la direction d'un travail où l'ouvrier remplit les fonctions de chef d'équipe ;

3° Enfin pour l'exécution d'un travail

spécial présentant des difficultés sérieuses, telles que : travail fait dans l'eau ou tout autre travail périlleux exigeant des précautions exceptionnelles pour la sécurité des ouvriers, etc.

D'après le deuxième alinéa de cette même remarque ainsi conçu :

« **Les prix portés à la présente série sont des prix moyens ayant servi de base pour l'établissement des sous-détails** » ;

Il faut conclure que la Série dont on se sert le plus fréquemment, c'est-à-dire celle que publie tous les deux ans la Société centrale des Architectes (la ville de Paris ayant renoncé, en 1884, à publier une Série officielle) ne comporte que des prix *moyens*. Or chacun sait que les moyennes ne sont pas toujours l'expression de la vérité et, comme preuve, nous renvoyons aux quelques articles que nous commenterons ci-après.

HEURE DE JOUR

9. A l'exception des chefs d'ateliers (appareilleur et maître compagnon) qui reçoivent, des entrepreneurs qui les occupent, des appointements mensuels et du scieur de pierre dont les travaux sont payés à façon, les ouvriers désignés ci-dessus et dont nous avons expliqué, d'une façon sommaire, les attributions, sont payés à l'heure.

Les prix que nous citons ci-après sont les prix moyens portés à la Série et ayant servi de base pour l'établissement des sous-détails de la Série de la Société centrale des Architectes français (édition 1899-1900).

HEURES	PRIX ÉLÉMENTAIRES			PRIX DE RÈGLEMENT		OBSERVATIONS
	UNITÉS	DÉBOURSÉS	NUMÉROS d'ordre	PRIX de règlement	NUMÉROS d'ordre	
Heure de jour (*été et hiver*)						
De Tailleur de pierre pour ravalement .... compris outillage	l'heure	1.00	1	1.30	441	**Les prix des salaires varient avec la valeur de l'ouvrier et ne peuvent résulter que d'un contrat libre entre lui et le patron.**
De Tailleur de pierre..	»	0.75	2	0.97	442	
De Poseur............	»	0.75	3	0.97	443	
De Contreposeur......	»	0.65	4	0.77	444	
De Ficheur...........	»	0.60	5	0.77	445	
De Pinceur...........	»	0.60	6	0.77	446	
De Bardeur...........	»	0.60	7	0.77	447	
De Moucheteur ou Enduiseur............	»	1.00	8	1.25	448	
De Maçon............	»	0.75	9	0.96	449	**Les prix portés à la présente Série sont des prix moyens ayant servi de base pour l'établissement des sous-détails.**
De Limousin.........	»	0.60	10	0.77	450	
De Garçon maçon ou limousin...........	»	0.475	11	0.62	451	
De Briqueteur........	»	0.725	12	0.94	452	
De Garçon briqueteur ou moucheteur.....	»	0.50	13	0.64	453	
De Gardien de rue....	»	0.35	14	0.55	454	

Dans un travail aussi minutieux et aussi considérable que le dressement d'une Série comme celle de la Société centrale, il est presque inévitable de ne pas commettre d'erreurs ; aussi nous n'avons nullement la pensée de prétendre que la Commission chargée de l'élaboration de cette Série ne soit pas suffisamment compétente en cette matière. Nous la prions donc de ne pas considérer comme critique les quelques remarques contenues dans ce Traité de métré ; mais simplement comme ayant pour but de rétablir dans la mesure du possible les articles tels qu'ils doivent être compris et appliqués dans l'usage.

C'est donc en ne prenant parti ni pour le propriétaire, ni pour l'entrepreneur, mais en nous appliquant à rester sur un terrain neutre et en prenant pour base la logique, la justesse, l'évidence et quelquefois l'usage, que nous nous permettrons d'expliquer et de commenter les nombreux articles de la Série de la Société centrale, en indiquant les quelques erreurs qu'elle contient, ainsi que les fausses interprétations auxquelles donnent lieu quelques-uns des articles contenus dans cette Série.

Ainsi, par exemple, en examinant la composition du tableau de prix ci-dessus, lequel tableau, nous le répétons, ne contient uniquement et exclusivement que la reproduction exacte des prix édités et appliqués par la Société centrale des Architectes, il est très facile et sans grand travail de se rendre compte par soi-même que ce tableau de prix renferme les erreurs suivantes :

1° Que l'heure de jour de *Contreposeur* est fixée à 0f,65 comme prix de déboursés (prix élémentaires, art. 4) et que cette même heure de jour de *Contreposeur* n'est portée qu'à 0f,77 aux prix de règlement (art. 444), tandis qu'en réalité le prix composé de l'heure de jour de *Contreposeur* devrait figurer pour **0f,84** ou tout au moins pour 0f,83655 au lieu de 0f,77 dans la colonne des prix de règlement ;

2° Que l'heure de jour de *Pinceur* est portée au même prix que l'heure de jour de *Bardeur ;*

3° Que l'heure de jour de *Moucheteur* ou *Enduiseur* est fixée à 1 franc comme prix de déboursés (prix élémentaires, art. 8) et que cette même heure de jour de *Moucheteur* ou *Enduiseur* n'est portée qu'à 1f,25 aux prix de règlement (art. 448), tandis qu'en réalité le prix composé de l'heure de jour de *Moucheteur* ou *Enduiseur* devrait figurer pour 1f,30 ou, tout au moins, pour 1f,287, au lieu de 1f,25 dans la colonne des prix de règlement ;

4° Que l'heure de jour de *Gardien de rue* est fixée à 0f,35, comme prix de déboursés (prix élémentaires, art. 14) et que cette même heure de jour de *Gardien de rue* est portée à 0f,55 aux prix de règlement (art. 454), tandis que, si le prix de déboursés de 0f,35 est à considérer comme *bon*, le prix composé de l'heure de jour de *Gardien de rue* devrait, dans ce cas, ne figurer que pour 0f,45, ou alors très exactement pour 0f,45045 au lieu de 0f,55 dans la colonne des prix de règlement.

10. Nous commencerons donc par démontrer que le prix de règlement de l'heure de jour de *contreposeur* devrait figurer pour **0f,84** au lieu de 0f,77 dans la colonne des prix de règlement. En effet, puisque l'observation générale, placée en tête de la Série spéciale de maçonnerie (page 19 de la Série de la Société centrale, édition 1899-1900), spécifie que les prix de règlement établis pour les travaux particuliers exécutés dans Paris sont composés :

1° Des déboursés pour la main-d'œuvre et les fournitures ;

2° Des faux-frais calculés sur la main-d'œuvre seulement ;

3° Des bénéfices appliqués aux prix de la main-d'œuvre et des fournitures et aux faux-frais.

Et que de plus, afin de permettre à toutes les personnes ayant l'occasion de se servir de la Série (Architectes, Vérificateurs, Métreurs, etc.), de faire elles-mêmes la vérification des prix de règlement, cette observation nous spécifie également que pour la maçonnerie :

Les faux-frais sont fixés à...	17 0/0
Le bénéfice à.................	10 0/0

Il est donc très facile de composer le prix de règlement de l'heure de jour de *contreposeur* (1er cas particulier qui nous occupe), en se servant, pour cette composition, des éléments de sous-détails fournis par la Série de la Société centrale elle-même. Connaissant le prix de *déboursés* de l'heure de jour de *contreposeur* (0f,65), il suffira d'ajouter à ces 0f,65 : 17 0/0 de faux-frais et d'augmenter ensuite de 10 0/0 de bénéfice le total de l'addition de ces deux quantités, ce qui nous donnera très exactement le prix de règlement de l'heure de jour de *contreposeur.*

Sous-détail pour 1 heure de jour de contreposeur

(*Été et hiver*)

Déboursés (art. 4, page 7 de la Série) :

1 heure de *contreposeur* à 0f,65 l'unité. 0f 65

Faux-frais (Observation générale, page 19 de la Série) :

17 0/0 sur 0f,65........................ 0.1105

Ensemble.................... 0.7605

Bénéfice (Observation générale, page 19 de la Série):

10 0/0 sur 0f,7605..................... 0.07605

Prix de règlement de l'heure de jour de contreposeur................................ 0.83655

Au lieu de 0f,77, comme l'indique l'article 444 de la Série.

En procédant de la même façon pour l'obtention des prix de règlement des heures de jour des autres ouvriers indiqués à la Série spéciale de Maçonnerie, nous obtenons le tableau suivant :

HEURES	PRIX ÉLÉMENTAIRES (Série de la Société centrale des Architectes, *édition* 1899-1900)	NUMÉROS D'ORDRE	ÉLÉMENTS DES SOUS-DÉTAILS — DÉBOURSÉS — HEURES en journées	PRIX	FAUX-FRAIS 17 0/0 soit / sur	ENSEMBLE	BÉNÉFICE 10 0/0	PRODUIT
Heure de jour (*été et hiver*) (compris outillage)								
De Tailleur de pierre pour ravalement............	1.00	**1**	1h,00 à 1f,00 = 1.000		1.000 / 0.170	1.170	0.117	1.287
De Tailleur de pierre.......	0.75	**2**	1h,00 à 0f,75 = 0.750		0.750 / 0.1275	0.8775	0.08775	0.96525
De Poseur...............	0.75	**3**	1h,00 à 0f,75 = 0.750		0.750 / 0.1275	0.8775	0.08775	0.96525
De Contreposeur..........	0.65	**4**	1h,00 à 0f,65 = 0.650		0.650 / 0.1105	0.7605	0.07605	**0.83655**
De Ficheur...............	0.60	**5**	1h,00 à 0f,60 = 0.600		0.600 / 0.102	0.702	0.0702	0.7722
De Pinceur...............	0.60	**6**	1h,00 à 0f,60 = 0.600		0.600 / 0.102	0.702	0.0702	0.7722
De Bardeur..............	0.60	**7**	1h,00 à 0f,60 = 0.600		0.600 / 0.102	0.702	0.0702	0.7722
De Moucheteur ou Enduiseur	1.00	**8**	1h,00 à 1f,00 = 1.000		1.000 / 0.170	1.170	0.117	**1.287**
De Maçon...............	0.75	**9**	1h,00 à 0f,75 = 0.750		0.750 / 0.1275	0.8775	0.08775	0.96525
De Limousin..............	0.60	**10**	1h,00 à 0f,60 = 0.600		0.600 / 0.102	0.702	0.0702	0.7722
De Garçon maçon ou limousin	0.475	**11**	1h,00 à 0f,475 = 0.475		0.475 / 0.08075	0.55575	0.055575	0.611325
De Briqueteur.............	0.725	**12**	1h,00 à 0f,725 = 0.725		0.725 / 0.12325	0.84825	0.084825	0.933075
De Garçon briqueteur ou moucheteur............	0.50	**13**	1h,00 à 0f,50 = 0.500		0.500 / 0.085	0.585	0.0585	0.6435
De Gardien de rue.........	0.35	**14**	1h,00 à 0f,35 = 0.350		0.350 / 0.0595	0.4095	0.04095	**0.45045**

En résumant ensuite les deux tableaux qui précèdent en un seul tableau qui mette en parallèle les prix de règlement alloués par la série avec ceux obtenus au moyen des sous-détails, il est très difficile de ne pas se rendre compte que les prix de règlement portés à la Série pour l'heure de jour de *contreposeur*, l'heure de jour de *moucheteur*, ou *enduiseur*, et l'heure de jour de *gardien de rue*, ne sont pas du tout ce qu'ils devraient être, et cela non pas d'après nous, mais bien d'après les prix de règlement composés au moyen des sous-détails, fournis par la Série de la Société centrale elle-même.

HEURES	PRIX ÉLÉMENTAIRES			PRIX DE RÈGLEMENT		
	UNITÉS	PRIX DE DÉBOURSÉS portés à la Série de la Société centrale des Architectes (*Édition* 1899-1900).	NUMÉROS D'ORDRE	PRIX DE RÈGLEMENT portés à la Série de la Société centrale des Architectes (*Édition* 1899-1900).	NUMÉROS D'ORDRE	PRIX DE RÈGLEMENT résultant des sous-détails d'après les éléments fournis par la Série de la Société centrale des Architectes (*Édition* 1899-1900).
Heure de jour (*été et hiver*) **(compris outillage)**						
De Tailleur de pierre pour ravalement	L'heure	1.00	**1**	1.30	**441**	1.287
De Tailleur de pierre	»	0.75	**2**	0.97	**442**	0.96525
De Poseur	»	0.75	**3**	0.97	**443**	0.96525
De Contreposeur	»	0.65	**4**	**0.77**	**444**	**0.83655**
De Ficheur	»	0.60	**5**	0.77	**445**	0.7722
De Pinceur	»	0.60	**6**	0.77	**446**	0.7722
De Bardeur	»	0.60	**7**	0.77	**447**	0.7722
De Moucheteur ou Enduiseur	»	1.00	**8**	**1.25**	**448**	**1.287**
De Maçon	»	0.75	**9**	0.96	**449**	0.96525
De Limousin	»	0.60	**10**	0.77	**450**	0.7722
De Garçon maçon ou limousin	»	0.475	**11**	0.62	**451**	0.611325
De Briqueteur	»	0.725	**12**	0.94	**452**	0.933075
De Garçon briqueteur ou moucheteur	»	0.50	**13**	0.64	**453**	0.6435
De Gardien de rue	»	0.35	**14**	**0.55**	**454**	**0.45045**

En réponse à l'erreur de prix de règlement d'heure de jour de *contreposeur*, erreur que nous avons démontrée et prouvée ci-dessus, trois hypothèses se présentent à l'esprit :

1° Ou il y a erreur dans le prix de déboursés (prix élémentaires) ;

2° Ou il y a erreur dans les opérations ayant servi à la composition du prix de règlement ;

3° Ou bien il s'agit simplement d'une erreur d'impression.

A la première hypothèse nous opposerons que, si l'on admet qu'il y a erreur dans l'indication du prix de déboursés porté à la Série pour l'heure de jour de *contreposeur*, c'est-à-dire 0f,60 au lieu de 0f,65, c'est admettre qu'un *contreposeur* est payé le même prix qu'un simple *bardeur*, ce qui est inadmissible et contraire à la vérité, puisqu'un *contreposeur* est toujours payé *plus cher* qu'un *bardeur*. La première hypothèse se trouve donc par ce fait totalement à écarter. Les deux dernières hypothèses sont, à notre avis, les seules admissibles, et nous concluerons donc en disant que le prix porté comme prix de règlement de l'heure de jour provient soit d'une erreur résultant des opérations ayant servi à la composition de ce prix de règlement, soit simplement d'une erreur d'impression. Mais que l'une ou l'autre de ces deux hypothèses soit à considérer comme vraie, l'erreur n'en est pas moins flagrante et ne subsiste pas moins depuis *des années* dans les éditions élaborées par la Société centrale des Architectes.

Donc, si un travail *compté à l'heure* comporte des heures de *contreposeur*, ces heures (s'il s'agit d'heures de jour, bien entendu) devront figurer dans le courant du mémoire au prix de règlement indiqué en gros caractères sur le tableau ci-après :

HEURES	PRIX ÉLÉMENTAIRES			PRIX DE RÈGLEMENT			
	UNITÉS	PRIX DE DÉBOURSÉS portés à la Série de la Société centrale des Architectes (*édition* 1899-1900).	NUMÉROS D'ORDRE	UNITÉS	PRIX DE RÈGLEMENT porté à la Série de la Société centrale des Architectes (*édition* 1899-1900).	NUMÉROS D'ORDRE	PRIX DE RÈGLEMENT résultant des sous-détails d'après les éléments fournis par la Série de la Société centrale des Architectes (*édition* 1899-1900)
Heure de jour (*été et hiver*) **(compris outillage)**							
De Contreposeur............	l'heure	0f,65	4	l'heure	0f,77	444	**0f,84**

11. Quoiqu'il ne nous appartienne pas de critiquer les prix élémentaires (prix de déboursés) portés à la Série spéciale de Maçonnerie, puisqu'une Commission spéciale est chargée de discuter et de défendre les intérêts des entrepreneurs contradictoirement avec la Commission chargée de l'élaboration de la Série de la Société centrale, nous nous permettrons cependant de prouver l'erreur figurant dans le prix porté pour l'heure de jour de *pinceur* (deuxième erreur de celles signalées dans l'énumération, page 7 de notre *Traité*).

D'après la Série, le *pinceur* serait confondu avec le *bardeur* au prix de 0f,60 de l'heure de jour (prix de déboursés, art. 6 et 7, page 7 de la Série) et, comme conséquence, à 0f,77, prix de règlement (art. 446 et 447, page 19 de la Série), ce qui est une erreur très préjudiciable à l'entrepreneur, car un *pinceur* ordinaire est, en réalité, payé de 7f,50 à 8 francs pour une journée de dix heures, tandis qu'un *bardeur* ne gagne que 6 francs pour dix heures également.

Quelquefois certains de ces ouvriers sont payés davantage, suivant leurs aptitudes ; mais cette augmentation de salaire, variant selon la valeur de l'ouvrier et ne pouvant résulter que d'un contrat libre entre le patron et lui, n'a pas à entrer en compte ici, puisqu'il s'agirait de cas exceptionnels et que, comme la Série, nous ne nous occupons que des cas formant la généralité, mais ce que nous tenons à faire constater, c'est qu'entre le prix de déboursés de l'heure de jour de *pinceur* et le prix de déboursés de l'heure de jour de *bardeur*, il subsiste toujours un écart d'au moins 0f,15, et cela pour la *généralité*. Cette disproportion est logique, puisque le *pinceur* est le chef d'équipe des *bardeurs*.

Donc, si un travail *compté à l'heure* comporte des heures de *pinceur*, ces heures (s'il s'agit d'heures de jour, bien entendu), devront, à notre avis, figurer dans le courant du mémoire au prix de règlement indiqué en gros caractères sur le tableau ci-après :

HEURES	PRIX ÉLÉMENTAIRES				PRIX DE RÈGLEMENT			
	UNITÉS	DÉBOURSÉS portés à la Série de la Société centrale des Architectes (*édition* 1899-1900).	NUMÉROS D'ORDRE	DÉBOURSÉS RÉELS de l'entrepreneur	UNITÉS	PRIX DE RÈGLEMENT porté à la Série de la Société centrale des Architectes (*édition* 1899-1900).	NUMÉROS D'ORDRE	PRIX DE RÈGLEMENT composé d'après les déboursés réels de l'entrepreneur.
Heure de jour (*été, hiver*) **(compris outillage)**								
De Pinceur	l'heure	$0^f,60$	6	0.75	l'heure	$0^f,77$	**446**	**0.96525**

Non seulement cette différence de prix a une importance très préjudiciable pour l'entrepreneur de maçonnerie dans les travaux exécutés et comptés à l'heure, mais encore elle se reporte dans les travaux exécutés et comptés au métré comportant des travaux de pierre ayant occasionné l'emploi du *pinceur*, puisque les prix portés à la Série ont été composés au moyen de sous-détails ayant pour éléments les prix de déboursés (prix élémentaires).

12. En se conformant à l'ordre numérique que nous avons employé pour indiquer les quelques erreurs contenues dans les prix de règlement des heuresde jour, il suffira, pour démontrer que le prix de réglement de l'heure de jour de *moucheteur* ou *enduiseur* doit être de $1^f,30$ et non $1^f,25$, de se servir du même raisonnement que celui qui précède pour l'heure de jour de *contreposeur* (première erreur de celles signalées dans l'énumération, page de 7 notre *Traité*). De plus, nous ajouterons, comme preuve irréfutable, que le prix élémentaire (déboursés) porté (page 7 de la Série) étant de 1 franc pour l'heure de jour de *moucheteur* ou *enduiseur* et de 1 franc également pour l'heure de jour de *tailleur de pierre* pour ravalement, ces deux prix devraient logiquement figurer pour la même valeur au prix de règlement, puisque ces deux prix d'heure de jour sont composés au moyen des mêmes éléments de sous-détails. Il faut cependant remarquer (comme l'indique notre tableau de sous-détails, page 8 de notre *Traité*) que le prix réel de l'heure de jour de tailleur de pierre pour ravalement ne devrait être que de $1^f,287$ au lieu de $1^f,30$ et, que par conclusion, ce serait encore rester dans la logique que de réclamer l'heure de jour de *moucheteur* ou *enduiseur*, à raison de $1^f,287$. Mais, puisque $1^f,287 = 1^f,30$ pour le tailleur de pierre pour ravalement, il n'y a aucune raison pour que, lorsqu'il s'agit du moucheteur ou enduiseur, $1^f,287$ n'égale pas aussi $1^f,30$, vu que la question de compensation est totalement à écarter, ces ouvriers étant employés séparément et pour des travaux différents l'un de l'autre.

Or, pourquoi la Série de la Société centrale fixe-t-elle, comme prix de réglement de l'heure de jour, $1^f,30$ au tailleur de pierre pour ravalement et $1^f,25$ seulement au moucheteur ou enduiseur, puisque le prix de déboursés accordé par la Série elle-même (1 franc) est le même pour l'un comme pour l'autre de ces deux ouvriers ?

Ce qui nous renvoie aux trois hypothèses citées précédemment au sujet de l'heure du contreposeur.

Donc, si un travail *compté à l'heure* comporte des heures de moucheteur ou enduiseur, ces heures (s'il s'agit d'heures de jour, bien entendu), devront, à notre avis, et d'après les éléments de sous-détails fournis par la Série de la Société centrale elle-même, figurer dans le courant du mémoire au prix de règlement indiqué en gros caractères sur le tableau ci-après :

HEURES	PRIX ÉLÉMENTAIRES			PRIX DE RÈGLEMENT			
	UNITÉS	PRIX DE DÉBOURSÉS porté à la Série de la Société centrale des Architectes (*édition* 1899-1900).	NUMÉROS D'ORDRE	UNITÉS	PRIX DE RÈGLEMENT porté à la Série de la Société centrale des Architectes (*édition* 1899-1900).	NUMÉROS D'ORDRE	PRIX DE RÈGLEMENT résultant des sous-détails d'après les éléments fournis par la Série de la Société centrale des Architectes (*édition* 1899-1900).
Heure de jour (*été et hiver*) (**compris outillage**)							
De Mouchcteur ou Enduiseur..	l'heure	1f,00	8	l'heure	1f,25	**448**	**1f,30**

13. Si la Commission chargée de l'élaboration de la Série de la Société centrale a commis quelques erreurs au préjudice de l'entrepreneur, nous sommes le premier à reconnaître qu'elle en a commis aussi à l'avantage de ce dernier, mais il faut nous hâter de le dire, elles sont moins nombreuses, et de plus, il est très rare que l'entrepreneur en bénéficie.

Ainsi, par exemple, si, dans un mémoire, un entrepreneur de maçonnerie demande les heures de jour de gardien de rue à raison de 0f,55 [qui est le prix de règlement alloué par la Série spéciale de Maçonnerie (art. 454, page 19)], il ne faudra pas qu'il soit surpris si ces heures de jour de gardien de rue sont réglées au prix de 0f,45 [prix de règlement alloué par la Série spéciale des égouts (art. 17, page 212)].

Logiquement, cependant, il faut reconnaître que là encore l'erreur est flagrante aux Séries spéciales de :

Maçonnerie (page 19, art. 454).

Travaux de ravalement (page 71, art. 8).

Car, en compulsant la Série, nous obtenons l'extrait suivant :

SÉRIES SPÉCIALES DE :	PRIX ÉLÉMENTAIRES				PRIX DE RÈGLEMENT			
	PAGES de la Série	UNITÉS	DÉBOURSÉS	NUMÉROS d'ordre	PAGES de la Série	UNITÉS	PRIX de Règlement	NUMÉROS d'ordre
Maçonnerie........ (*Été et hiver*)	7	l'heure	0f,35	**14**	19	l'heure	0f,55	**454**
Travaux de ravalement. »	71	—	0 ,35	**4**	71	—	0 ,55	**8**
Egouts.................. »	211	—	0 ,35	**6**	212	—	0 ,45	**17**
Couverture. — 1re Partie : Ardoises et Tuiles.............	601	—	0 ,40	**3**	604	Été. Hiver.	0 ,53 0 ,60	**80** **81**
Plomberie. — Canalisation d'eau.......... (*Été et hiver*)	625	—	0 ,40	**4**	629	—	0 ,55	**39**

Que les prix de **règlement** varient en raison de la différence des faux-frais fixés par la Série pour les divers corps d'état désignés dans le tableau ci-dessus, c'est admissible, (puisque les faux-frais sont fixés à 17 0/0 pour les trois premiers articles (maçonnerie, travaux de ravalement et égouts) et que, pour les deux derniers articles (couverture, 1re partie, et plomberie, canalisation d'eau) : ces faux-frais sont fixés à 25 0/0, le bénéfice fixé à 10 0/0 restant le même pour les cinq articles. Mais il nous semble illogique que 0f,35 (prix de déboursés) égalent 0f,55 (prix de règlement) pour les Séries spéciales de maçonnerie et travaux de ravalement et que ces mêmes $0^{f},35$, portés également comme prix de *déboursés* à la Série spéciale des égouts donnent $0^{f},45$ comme prix de *règlement*, puisque les faux-frais (17 0/0) et le bénéfice (10 0/0) sont identiques pour ces deux Séries spéciales.

Évidemment, là encore, les trois hypothèses déjà citées se présentent :

1° Ou il y a erreur dans le prix élémentaire ;

2° Ou bien il y a erreur dans les opérations ayant servi à la composition du prix de règlement ;

3° Ou bien encore il s'agit d'une erreur d'impression.

A la première hypothèse nous opposerons simplement que, s'il n'y a pas d'erreur dans les prix **élémentaires** portés aux Séries spéciales de :

Maçonnerie (page 7, art. 14) ;

Travaux de ravalement (page 71, art. 4) ;

Egouts (page 211, art. 7);

Ce serait admettre que l'erreur provient de la Série spéciale de couverture, supposition entièrement fausse, et nous le prouvons :

D'après la notice placée en tête de la Série spéciale de couverture (1re partie : ardoises et tuiles, page 601), la journée de neuf heures, l'été, et de huit heures, l'hiver, est uniformément payée, pour le gardien de rue, comme prix de déboursés, $3^{f},50$. De plus, d'après l'observation 4 de cette même Série spéciale, les journées d'été se comptent du 15 février au 31 octobre, et celles d'hiver du 1er novembre au 15 février.

Donc, pour vérifier le prix *moyen* (déboursés) de l'heure de jour (été et hiver), soit $0^{f},40$, il suffit de rétablir de la façon suivante les opérations qui ont servi à l'obtention de cette *moyenne*.

Pour le nombre de journées, nous avons :

JOURNÉES D'ÉTÉ	JOURS	JOURNÉES D'HIVER	JOURS
Du 15 février (matin) au 28	14	Du 1er au 30 novembre	30
— 1er au 31 mars	31	— 1er — 31 décembre	31
— 1er — 30 avril	30	— 1er — 31 janvier	31
— 1er — 31 mai	31	Du 1er au 14 février (soir)	14
— 1er — 30 juin	30		
— 1er — 31 juillet	31		
— 1er — 31 août	31	Ensemble (journées d'hiver)	106
— 1er — 30 septembre	30		
— 1er — 31 octobre	31		
Ensemble (journées d'été)	259		

Or, puisque, d'après la Série spéciale de couverture (page 601), la durée de la journée d'été est de neuf heures et celle d'hiver de huit heures, nous obtenons donc, pour l'année entière, un total de :

9 heures × 259 journées d'été = 2 331 heures
8 heures × 106 journées d'hiver = 848 heures
Soit pour.......... 365 journées....... = 3 179 heures.

La journée de gardien étant fixée par la série de couverture à $3^{f},50$, le salaire annuel est donc de :

3.50 × 365 journées = $1\ 277^{f},50$.

Cette somme est donc à répartir entre trois mille cent soixante-dix-neuf heures, ce qui donne bien comme prix *moyen* de l'heure de gardien de rue (été et hiver) :

$$\frac{1\ 277^{f},50}{3\ 179 \text{ heures}} = 0^{f},4018,$$

ce qui est parfaitement conforme au prix *moyen* élémentaire ($0^{f},40$), alloué par la Série spéciale de couverture pour l'heure de gardien de rue (art. 3, page 601). Ce qui prouve d'une façon irréfutable que l'erreur ne provient pas de la Série spéciale de couverture.

A première vue, on serait tenté d'admettre que le prix élémentaire (déboursés) porté à la Série spéciale de couverture, étant exact, ce prix devrait être également appliqué aux autres Séries spéciales dans lesquelles figure le gardien de rue. Mais, comme la durée de la journée des autres corps d'état diffère, il est logique que le prix *moyen* de l'heure de jour (déboursés) varie proportionnellement à la durée de présence du gardien de rue.

Pour la maçonnerie, travaux de ravalement, ciments, égouts, la journée est de dix heures, l'été, et de huit heures, l'hiver.

Or, en suivant le même ordre d'opérations que ci-dessus, pour l'obtention du prix *moyen élémentaire* de l'heure de jour de gardien de rue, prix fixe à $0^{f},35$ par les Séries spéciales de maçonnerie, travaux de ravalement, ciments, égouts, nous arrivons au résultat suivant :

Les journées d'été étant *administrativement* de dix heures et celles d'hiver de huit heures, nous obtenons (étant donné le tableau ci-dessus), pour l'année entière, un total de :

10 heures ×	259 journées d'été	= 2 590 heures
8 heures ×	106 journées d'hiver	= 848 heures
Soit pour..........	365 journées (année entière)	= 3 438 heures.

La journée de gardien de rue étant fixée, pour ces divers corps d'état, comme pour la couverture, à $3^{f},50$, le salaire annuel est par conséquent le même :

Soit $3^{f},50 \times 365$ journées $= 1\ 277^{f},50$.

Cette somme doit, cette fois, se répartir entre trois mille quatre cent trente-huit heures, ce qui donne comme prix *moyen* (déboursés) de l'heure de gardien de jour (été et hiver) :

$$\frac{1\ 277^{f},50}{3\ 438 \text{ heures}} = 0^{f},3715$$

et non $0^{f},35$ fixé par la série.

En admettant même qu'on se conforme à l'énoncé de l'observation 15 de la Série spéciale de Maçonnerie (*édition* 1897-1898), spécifiant que les journées d'été sont celles du 1er mars au 31 octobre, le prix de $0^{f},35$, fixé comme prix de déboursés, serait encore inexact.

On aurait alors deux cent quarante-cinq jours d'été et cent vingt jours d'hiver, soit :

10 heures ×	245 journées d'été	= 2 450 heures
8 heures ×	120 journées d'hiver	= 960 heures
Et pour..........	365 journées	= 3 410 heures.

ce qui donnerait, pour l'heure de jour (été et hiver), un prix *moyen* de :

$$\frac{1\ 277^{f},50}{3\ 410 \text{ heures}} = 0^{f},3746 \text{ et non } 0^{f},35.$$

Ce qui prouverait que l'erreur provient de la formation du prix élémentaire (déboursés).

A notre avis, les Architectes et Vérificateurs qui, dans le règlement d'un mémoire de maçonnerie ou de travaux de ravalement, appliquent comme prix moyen de règlement d'heure de jour de gardien de rue le prix composé porté à la Série des égouts, soit $0^{f},45$ (art. 17, p. 212), restent dans la logique, puisque (à part la Série de couverture qui, nous l'avons prouvé, est à mettre hors de cause), la Série spéciale des égouts est la seule qui donne un prix de règlement en rapport avec le prix élémentaire (déboursés) de 0f,35.

Pour appliquer le véritable prix de règlement, il faudrait le composer en prenant pour base 0f,37 qui, nous l'avons démontré, est le véritable prix *moyen* de déboursés et en y ajoutant les autres éléments de sous-détails (faux-frais et bénéfice), ce qui donnera exactement 0f,48 comme prix de règlement.

Pourquoi, avec le même prix de déboursés (0f,35), porté aux Séries spéciales de maçonnerie, travaux de ravalement, égouts, la Série donne-t-elle 0f,55 de règlement dans les deux premières Séries et seulement 0f,45 à la Série des égouts?

A la Commission chargée de l'élaboration de la Série de la Société centrale de répondre à ces questions, en éditant, comme l'a fait la Ville de Paris, une Série de sous-détails, ce qui permettrait de trancher la question et indiquerait d'où proviennent les erreurs.

Evidemment si, dans un marché, il est spécifié que la Série de la Société centrale des architectes (*édition...*) servira de base au règlement du travail, cette Série a force de loi et ne peut pas amener de conflits, à moins de fausse interprétation. Dans ce cas, l'entrepreneur n'a rien à réclamer sur le règlement de son mémoire, si toutefois son mémoire est réglé d'après les conditions de la Série et de l'édition convenues. Mais si, pour couper court à toutes difficultés, l'entrepreneur a été assez prudent de faire reconnaître, soit par écrit spécial, soit par une clause additionnelle au marché, les erreurs que renferme la Série sur laquelle il a traité les travaux qu'il a à exécuter, il sera fort de son droit et s'évitera ainsi la réponse fatale de quelques Vérificateurs : *c'est la série*.

HEURE SUPPLÉMENTAIRE

14. Dans son édition de 1899-1900 (Maçonnerie), la Société centrale des Architectes ne fait pas mention des prix à appliquer aux *heures supplémentaires* et n'indique pas à quel moment de la journée ces heures s'effectuent. Elle laisse néanmoins comprendre la façon dont elle entend les rétribuer et ce que l'on doit réellement considérer comme heures supplémentaires.

En effet ce renseignement est fourni implicitement dans l'article **heure de nuit**, où il est dit que les heures de nuit commenceront à huit heures du soir pour finir à six heures du matin, et seront payées à un prix supérieur à celui des heures de jour.

D'après le sens de cet article, on doit logiquement conclure que les heures de travail comprises entre la fin habituelle de la journée et huit heures du soir, quoique désignées sous la rubrique *heures supplémentaires*, sont payées exactement comme les heures de jour, c'est-à-dire sans supplément.

En réalité cette conclusion ne semble pas pouvoir être contestée, car elle est en concordance avec les prévisions de l'observation n° 1745, page 69, de l'édition 1899-1900 (Maçonnerie) ainsi conçue :

Les fournitures ou ouvrages non compris dans la présente Série (c'est-à-dire celle spéciale de Maçonnerie 1899-1900), *s'ils se trouvent inscrits dans l'une quelconque des Séries de prix éditées par la Société centrale, seront payés aux prix portés dans lesdites Séries.*

Dans ces conditions, il y a lieu de s'en rapporter aux indications des observations de cette même édition de 1899-1900 :

où il est uniformément dit :

Les heures supplémentaires, jusqu'à huit heures du soir, seront payées le même prix que les heures de jour.

SÉRIES SPÉCIALES	NUMÉRO D'ORDRE DE L'OBSERVATION « heure supplémentaire »	PAGE DE L'ÉDITION de la série 1899-1900	OBSERVATIONS
Terrasse	19	2	
Carrelage	54	77	
Pavage	43	203	
Granit	29	111	
Asphalte-bitume	24	116	
Ciments	20	203	
Egouts	19	212	
Charpente	27	304	
Serrurerie	66	405	
Grillage	35	459	
Sonnettes et ouvertures de portes ordinaires.	3	501	
Sonneries et ouvertures de portes par l'air.	3	509	
Sonneries et ouvertures de portes par l'électricité	3	515	
Lumière électrique	5	527	
Couverture	82	604	
Couverture et plomberie	26	615	
Canalisation d'eau	41	629	
Canalisation pour le gaz	21	649	
Menuiserie et parquetage	71	703	
Treillage et rustique	33	742	
Marbrerie	153	805	
Stuc	36	827	
Ardoiserie	2	833	
Fumisterie	64	903	
Peinture	88	1 004	
Vitrerie	30	1 023	
Miroiterie	15	1 030	
Vitraux	59	1 047	
Tenture	26	1 053	
Dorure	»	»	Conditions spéciales
Sculpture	40	1 073	
Ameublement	731	1 125	

En résumé, sans être obligé de compulser les Séries spéciales désignées ci-dessus pour être certain que, malgré l'omission de l'article **heure supplémentaire** dans la Série de maçonnerie, dernière édition, il n'y a pas à hésiter sur la solution à donner à la question, il suffit de se reporter aux termes de l'observation 456 (page 19), qui donne, par conclusion, le même résultat que si l'article dont il s'agit existait aussi bien dans la dernière édition que dans les précédentes.

Cette observation 456 est libellée comme suit :

Les heures de nuit commenceront à huit heures du soir et finiront à six heures du matin. A défaut de convention particulière, les heures de nuit seront payées le double des heures de jour.

Comme conséquence, bien qu'il y ait trois désignations d'heures : « de jour, supplémentaire, de nuit, il n'y a en réalité, au point de vue des prix, que deux Séries d'heures, celles de jour, comprises entre six heures du matin et huit heures du soir, et celles de nuit, comprises entre huit heures du soir et six heures du matin.

HEURES DE NUIT

15. D'après l'énoncé de l'observation 456 précitée, les heures de nuit, c'est-à-dire celles comprises entre huit heures du soir et six heures du matin doivent, *à défaut de convention particulière*, être payées le double des heures de jour.

Il y a lieu de remarquer que cette clause n'est applicable qu'à défaut de *convention particulière* et que, dans le cas où soit par clause de marché ou arrangement écrit quelconque, des prix spéciaux seraient consentis pour l'exécution des travaux, soit depuis la fin de la journée jusqu'à huit heures du soir, soit de nuit, elle n'aurait aucune raison d'être appliquée.

Les heures de nuit peuvent être effectuées, suivant le cas, de deux façons différentes :

1° Soit que, pour des raisons quelconques, les travaux soient exécutés par deux équipes distinctes, se succédant l'une à l'autre : l'une travaillant le jour, et l'autre la nuit ;

2° Soit que, pour activer les travaux, les ouvriers de jour prolongent leur journée de travail après huit heures du soir.

Dans le premier cas (emploi de deux équipes), il est à peu près certain qu'il y aurait entente préalable (convention particulière) entre les parties intéressées, c'est-à-dire entre le propriétaire ou son représentant et l'entrepreneur, et que le travail de nuit, bien qu'ordinairement rétribué à un prix plus élevé que le travail de jour, ne serait évidemment pas porté au double du prix fixé pour les heures de jour.

Dans le second cas (prolongation de la journée de travail après huit heures du soir), à défaut de stipulation particulière, les heures de *nuit* seront payées le double du prix des heures de jour, et cela sans contestation possible.

Ainsi, en supposant, par exemple, qu'à la demande du propriétaire ou de son représentant, des ouvriers employés le jour aient prolongé leur journée de travail jusqu'à dix heures du soir, l'ensemble des heures de travail sera payé d'après le décompte suivant :

Les heures de jour. **Les heures supplémentaires jusqu'à huit heures du soir.**	*Prix fixé pour les heures de jour.*
Les heures de nuit après huit heures du soir.	*Le double des heures de jour.*

Donc, à défaut de convention particulière, les heures de nuit étant payées le double des heures de jour, le seront de la façon suivante :

HEURES		HEURE DE JOUR		HEURE DE NUIT	OBSERVATIONS
		PRIX DE RÈGLEMENT de la Série de la Société centrale des Architectes, *édit.* 1899-1900.	NUMÉROS D'ORDRE	PRIX DE RÈGLEMENT établis d'après le prix de l'heure de jour et l'observation 456 (non compris déboursés pour fourniture de l'éclairage).	
De Tailleur de pierre pour ravalement	compris outillage	1.30	**441**	2.60	
De Tailleur de pierre	—	0.97	**442**	1.94	
De Poseur	—	0.97	**443**	1.94	
De Contreposeur	—	0.77	**444**	1.54	
De Ficheur	—	0.77	**445**	1.54	
De Pinceur	—	0.77	**446**	1.54	
De Bardeur	—	0.77	**447**	1.54	
De Moucheteur ou Enduiseur	—	1.25	**448**	2.50	
De Maçon	—	0.96	**449**	1.92	
De Limousin	—	0.77	**450**	1.54	
De Garçon maçon ou limousin	—	0.62	**451**	1.24	
De Briqueteur	—	0.94	**452**	1.88	
De Garçon briqueteur, moucheteur ou enduiseur	—	0.64	**453**	1.28	
De Gardien de rue	—	0.55	**454**	1.10	

D'après le texte de cette même observation n° 456 (Maçonnerie), on est porté à croire que, s'il n'existe pas de *convention particulière* (termes de la Série), tous les ouvriers, sans aucune exception, indiqués aux articles 441 à 454 inclus, seront payés pour les heures de nuit, à raison du double des prix moyens établis pour les heures de jour.

Il y a cependant une réserve à faire en ce qui concerne le *gardien de rue*, non pas quand ce gardien a prolongé la durée de sa journée après huit heures du soir, car, dans ce cas, il rentre dans la catégorie des ouvriers de jour faisant des heures de nuit, et son travail de nuit doit être calculé sur les mêmes bases, mais seulement quand les travaux comportent l'emploi de deux équipes successives, l'une de jour, l'autre de nuit; il y a également deux gardiens, l'un pour le jour et l'autre pour la nuit.

Alors, dans ce cas, bien que les ouvriers composant l'équipe de nuit aient leur salaire décompté à un prix plus élevé que celui de l'équipe de jour, les heures de présence de ce gardien de nuit ne sont susceptibles d'aucune majoration.

D'ailleurs, en se conformant aux indications de l'observation n° 1745 (Maçonnerie), il suffit d'appliquer à l'heure de nuit de ce gardien le prix fixé par la Série des égouts pour l'heure de gardien de nuit (*Egouts*, art. 17).

TRAVAUX FAITS A LA LUMIÈRE

(*à l'heure*)

16. Suivant le cas, les travaux faits à la lumière peuvent être comptés de deux façons différentes, soit en régie, c'est-à-dire à l'heure, soit au métré.

De plus, des travaux à l'heure faits à la lumière peuvent être exécutés soit comme travaux faisant partie des heures de jour, tout en étant faits à la lumière, soit comme faisant partie des heures de nuit.

Puisque nous sommes dans le chapitre des travaux exécutés et comptés à l'heure, nous ne parlerons ici que des travaux *à l'heure* faits à la lumière; ceux qui doivent être exécutés et comptés au métré seront commentés et discutés plus loin avec les travaux au métré.

En consultant le texte de l'observation 457 de la Série (Maçonnerie, page 19), ainsi conçue:

En outre des stipulations qui précèdent, il ne sera accordé, pour les travaux à l'heure faits à la lumière, d'autre plus-value que celle relative aux fournitures d'éclairage déboursées par l'entrepreneur.

Il en résulte qu'en outre des stipulations qui précèdent, c'est-à-dire:

1° Que les heures supplémentaires jusqu'à huit heures du soir seront payées au même prix que les heures de jour;

2° Que les heures de nuit, c'est-à-dire celles comprises entre huit heures du soir et six heures du matin, seront, à défaut de convention particulière, payées le double des heures de jour.

Il ne sera alloué à l'entrepreneur, pour les travaux comptés à l'**heure** et faits à la lumière, d'autre plus-value que celle relative aux fournitures d'éclairage déboursées par lui.

Dans cette observation de la Série, les termes sur lesquels il convient d'attirer spécialement l'attention sont les suivants: *Travaux à l'***heure** *faits à la lumière.* Or si, à part dans la Série spéciale de Maçonnerie, il y a omission de l'indication *à l'heure* dans les observations des autres Séries spéciales, c'est-à-dire:

Terrasse	— Page	2	— Observation		21
Carrelage	—	— 77	—	—	56
Pavage	—	— 203	—	—	44
Granit	—	— 111	—	—	30
Asphalte et bitume	—	— 116	—	—	25
Ciments	—	— 203	—	—	22

etc., etc., etc.

C'est non pas par changement d'idée, mais simplement parce que cette observation se trouve placée, par son numéro d'ordre, dans le chapitre des *travaux en régie* (*Travaux à l'heure*), et que la Série se trouve dans l'impossibilité d'accorder un surcroît de main-d'œuvre pour les travaux exécutés à l'heure et à la lumière, au lieu du jour, puisqu'étant comptés à l'*heure*, le propriétaire a à payer à l'entrepreneur la valeur du temps entier consacré à l'exécution de ces travaux faits à la lumière et commandés par lui ou son Architecte, c'est-à-dire y compris les lenteurs résultant des difficultés de ce mode de travail.

Supposons, par exemple, qu'un travail a été exécuté à l'heure et fait à la lumière par un compagnon limousin et son garçon :

Si ce travail a été exécuté pendant les heures de jour et avec fourniture de lumière (chandelle, par exemple), il devra être indiqué de la manière suivante:

Temps passé à l'exécution des travaux énoncés ci-dessus : Le......	
....heures de jour de compagnon limousin à 0.77 l'une. »	(Maçonnerie, ART. 450.)
....heures de jour de garçon limousin à 0.62 l'une. »	(Maçonnerie, ART. 451.)
Fourniture de l'éclairage pendant la durée des travaux. ....kilog.... de chandelle à 1.32 le kilog. »	(Fumisterie, ART. 43 + 10 0/0.)

Si ce même travail a été exécuté la nuit (après huit heures du soir), le libellé devra être ainsi établi : s'il n'y a pas eu convention préalable pour prix des heures de nuit:

Temps passé à l'exécution des travaux énoncés ci-dessus : Le......	
....heures de nuit de compagnon limousin à 1.54 l'une. »	(Maçonnerie, ART. 450 et obs. 456.)
....heures de nuit de garçon limousin à 1.24 l'une. »	(Maçonnerie, ART. 451 et obs. 456.)
Fourniture de l'éclairage pendant la durée des travaux : ....kilog.... de chandelle à 1.32 le kilog. »	(Fumisterie, ART. 43 et obs. 458 de Maçonnerie ou 67 de Fumisterie.)

Ou bien encore on transformera les heures de nuit en heures de jour, en doublant le nombre, de façon à n'avoir qu'un seul prix à appliquer au total des heures figurant à la fin de l'attachement ou du mémoire:

	Heures de jour de limousin. (Maçonnerie, ART. 450.)
.....heures de nuit de compagnon limousin.	
au double pour transformation en heures de jour (Obs. 456).	»
.....heures de nuit de garçon limousin.	Heures de jour de garçon limousin. (Maçonnerie, ART. 451).
au double pour *idem* (Obs. 456).........................	»
fourniture de lumière.	Chandelle pour fourniture. (Fumisterie, ART. 43 + 10 0/0 de bénéfice.)
ci	... kilog...

Il arrive parfois, pour certains travaux faits à la lumière, que l'entrepreneur de maçonnerie n'a rien à débourser pour la fourniture d'éclairage, parce que cet éclairage a été fourni directement par le propriétaire, par un locataire, ou par un entrepreneur d'un autre corps d'état.

Dans ce cas, bien entendu, il n'a à porter en compte aucun frais d'éclairage.

Dans la maçonnerie, comme dans presque tous les corps d'état travaillant dans le bâtiment, l'éclairage est habituellement fourni au moyen de chandelles.

Or le prix de la chandelle ne figure pas dans les différentes parties de l'édition de la Série, notamment dans la Maçonnerie. On ne trouve l'indication de ce prix que dans la Série spéciale de Fumisterie, à laquelle, par application de l'observation 1745 de la Maçonnerie, il y a lieu de se reporter.

Pour établir le prix du kilo de chandelle à porter sur le mémoire de l'entrepreneur, il suffit de suivre la marche indiquée pour la maçonnerie à l'observation 458 (page 20 de la Série), ou bien encore à l'observation 67 de la Série spéciale de Fumisterie, puisque c'est cette Série qui indique le prix de déboursés du kilogramme de chandelle et que l'observation n° 67 de Fumisterie est la même que celle n° 458 de la Maçonnerie.

La vérification des fournitures d'éclairage déboursées par l'entrepreneur est assez difficile à faire, attendu que, dans les travaux de maçonnerie et autres travaux, tels que ciments, égouts, etc., l'éclairage est effectué au moyen de chandelles (lorsqu'il y a fournitures déboursées par l'entrepreneur des travaux, bien entendu) et que la durée des chandelles est subordonnée aux conditions dans lesquelles elle sont utilisées; il est incontestable, par exemple, que, dans un couloir exposé au vent, elles dureront beaucoup moins longtemps que dans une pièce close. De plus, pour certains travaux, une ou deux chandelles à la fois seront suffisantes, tandis que, pour d'autres, trois ou quatre ne suffiront pas.

La Société centrale semble avoir voulu trancher cette question de difficulté de vérification, dans sa Série spéciale des égouts et canalisation d'eaux vannes et ménagères, par les articles 21 et 22 (page 212) que nous citons ci-après :

HEURES	PRIX de RÈGLEMENT	NUMÉROS D'ORDRE	OBSERVATIONS
Travaux faits à la lumière (*à l'heure*)	fr.		
Chaque heure de compagnon et aide employée à des travaux faits à la lumière, compris valeur de l'éclairage et location (si besoin est) de bottes d'égouttier. (*Plus-value*).............	0.10	21	
Chaque heure de compagnon et aide, employée à des travaux exécutés en fosses infectées ou autres lieux insalubres. (*Plus-value*).............	0.05	22	

Donc, par exemple, pour un travail exécuté à l'heure et fait à la lumière, par un compagnon limousin et son garçon, on pourrait réunir le déboursé de l'éclairage avec le prix de l'heure de règlement alloué à ces ouvriers, en opérant de la manière suivante, c'est-à-dire sans compter séparément la valeur de l'éclairage (prix confondu):

Si ce travail est exécuté dans un endroit salubre et à la lumière, avec fourniture d'éclairage et dans les heures de jour, le temps devra être compté à raison de :

Heure de jour de limousin.................	0.77		(Maçonnerie, ART. 450.)
— de garçon limousin	0.62		(Maçonnerie, ART. 451.)
Ensemble...............	1.39 =	1.39	
Plus-value pour heure de compagnon et aide, employée à des travaux faits à la lumière, compris valeur de l'éclairage		0.10	(Egouts, ART. 21.)
		1.49	

Si ce travail était exécuté par les mêmes ouvriers, la nuit, le temps devrait être compté comme suit :

Heure de nuit de limousin.................	1.54		(Maçonnerie, ART. 450 et obs. 456.)
— de garçon limousin..........	1.24		(Maçonnerie, ART. 451 et obs. 456.)
Ensemble...............	2.78	= 2.78	
Plus-value pour heure de compagnon et aide, employée à des travaux faits à la lumière, compris valeur de l'éclairage...........................		0.10	(Egouts, ART. 21.)
		2.88	

De plus et d'après l'observation 23 (Egouts, page 212), ainsi conçue :

Cette dernière plus-value (0f,05) *n'exclut pas la précédente* (0f,10); *mais elle ne sera applicable que dans les cas où elle aura été préalablement convenue et constatée.*

Si les travaux ont été exécutés par les mêmes ouvriers que les précédents et dans un lieu insalubre et dont le déboursé pour la fourniture d'éclairage ne serait pas compté à part, le prix de l'heure de compagnon limousin et son garçon serait ainsi composé, qu'il s'agisse d'heures de jour ou d'heures de nuit, c'est-à-dire que le prix de l'heure, soit de jour, soit de nuit, serait augmenté :

1° de la plus-value de 0.10 pour travaux faits à la lumière.	(Egouts, ART. 21.)
2° — 0.05 — —	(Egouts, ART. 22.)

Comme de juste, s'il s'agissait de travaux exécutés à l'heure dans des conditions autres et plus difficiles que celles énoncées ci-dessus (art. 21 et 22, Egouts), il serait nécessaire d'en faire reconnaître la difficulté, soit à l'avance, soit dès qu'elle serait rencontrée. Faute de cette constatation, le Vérificateur, — se basant sur l'observation 24 (Egouts), qui spécifie qu'à défaut de conventions préalables, pour certains cas spéciaux ou exceptionnels, il ne sera accordé aucune plus-value autre que celles indiquées par les articles 21 et 22 (Egouts), — serait en droit, jusqu'à un certain point, bien entendu, de n'accorder uniquement que l'une ou l'autre des deux plus-values (art. 21 et 22 *idem*), ou bien les deux ensemble, suivant le cas.

Il convient de remarquer, comme l'indique la Série elle-même, par son observation générale, placée en regard des prix élémentaires et de ceux de règlement, que les prix qu'elle alloue sont des prix *moyens*.

La plus-value à appliquer aux travaux faits à la lumière et comptés au métré, sera examinée ultérieurement.

OUTILS ET INSTRUMENTS SPÉCIAUX POUR LE TRAVAIL DE LA PIERRE

17. D'après la notice «compris outillage», placée en regard du prix de l'heure de chacun des ouvriers et l'observation n° 15 (page 7 de la Série), chaque ouvrier doit être muni des outils de sa profession, conformément à l'usage.

Sciage de la pierre. — La pierre est débitée à la scie par les scieurs de pierre. La scie (Maçonnerie) est un instrument qui sert à débiter les pierres et qui se compose d'une lame en acier montée dans une armature en bois ou en acier, selon l'usage auquel elle est destinée. Les scieurs de pierre manœuvrent la scie en lui imprimant un mouvement de va-et-vient dans le sens de la longueur et dans une direction tracée à l'avance. Le résultat de l'opération, qu'on aperçoit sur les parements de la pierre sciée, est nommé *trait de scie*. Pour la pierre dure, les scieurs de pierre se servent de la *scie sans dents*, et de la *scie à dents* pour la pierre tendre; De là deux catégories de scieurs de pierre : les scieurs de pierre dure et les scieurs de pierre tendre.

Outils du scieur de pierre dure. — Les scieurs de pierre dure se servent de la *scie sans dents* (*fig.* 1 et 2) en versant dans le trait, au moyen de la *cuiller* (*fig.* 3), du grès pulvérisé et mouillé. La *scie sans dents*, représentée par notre figure 1, qui est celle dont l'emploi est le plus fréquent, est une scie montée, composée de deux

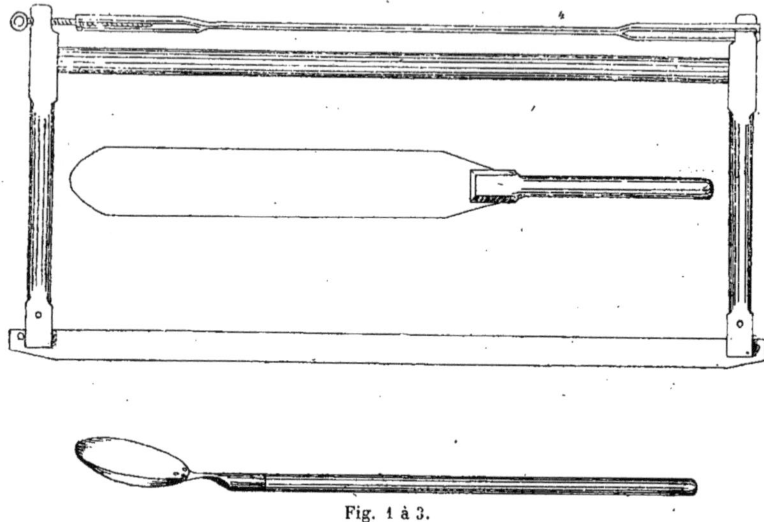

Fig. 1 à 3.

montants ferrés, d'une traverse en bois, d'une vis de tension et d'une lame en acier. Celle représentée par notre figure 2 prend le nom de *couteau à grès pour pierre dure* ou *scie à couteau;* sa longueur varie entre 0m,60 et 1m,20. Il existe encore, pour la pierre dure, une troisième variété de scie appelée *scie passe-partout pour pierre dure.* Cette dernière variété de scie à pierre

Fig. 4.

dure est la même que celle représentée par notre figure 6 (page 23 de notre *Traité*), avec cette différence que les dents sont plus fines pour la pierre dure que pour la pierre tendre.

La *cuiller* (*fig.* 3) est un outil à manche long avec lequel le scieur de pierre dure jette l'eau et le grès dans le trait de scie.

Le *tourne-à-gauche* (*fig.* 4) est un outil servant à dégauchir la surface de la lame.

Pour achever l'énumération des outils et instruments du scieur de pierre dure, il faut ajouter le *seau*, destiné à contenir le grès pulvérisé délayé dans l'eau; la *passoire*, qui sert à tamiser le grès; le

Fig. 5.

marteau à broyer le grès, le *chevalet*, à siège mobile (*fig.* 5), servant en même temps de caisse à outils, le *ciel;* qui le met à l'abri et généralement recouvert d'une toile goudronnée; les *cales* pour maintenir l'écartement suffisant pour empêcher la lame de la scie d'être serrée entre les deux parements du trait de scie, et enfin les outils ou instruments d'affutage sur place.

D'après les règlements en usage, l'entrepreneur qui emploie des scieurs de pierre à tâche doit leur fournir l'eau et le grès pour le sciage de la pierre dure ; mais, par contre, les scieurs de pierre dure doivent le broyage de ce grès. De plus les scieurs de pierre dure doivent mettre eux-mêmes leurs blocs en chantier, faire les mariages, etc. Pour ces mariages, le plâtre est fourni par l'entrepreneur. Cependant si, par exception, il n'y a qu'un seul scieur de pierre dans un chantier, l'usage

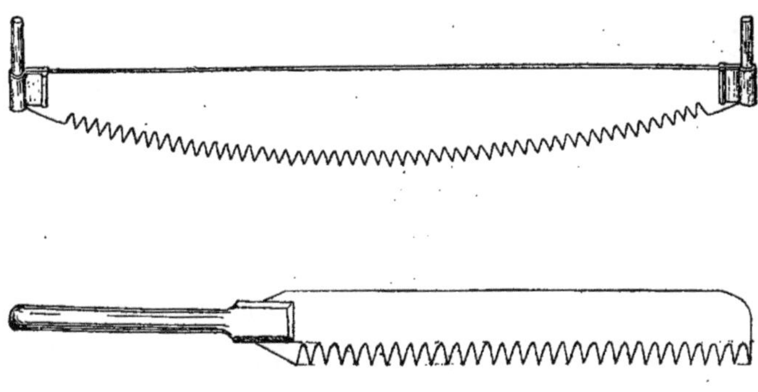

Fig. 6 et 7.

donne droit, à ce dernier, à l'aide pour la mise en chantier du ou des blocs à scier.

Les prix usuels de sciage s'appliquent à tous les blocs, quelles que soient leurs dimensions ; mais il est d'usage d'allouer au scieur de pierre dure une plus-value pour démontage de scie (1 franc, prix usuel), lorsque ces blocs dépassent 0m,85 de hauteur. Lorsque des blocs dépassent 0m,99 de hauteur, il est également d'usage d'allouer à ce tâcheron une plus-value de 1f,50 (prix usuel) pour retournage.

Cependant les us et coutumes ont établi que tout sciage de moins de 0m,15 de hauteur sera compté pour 0m,15 dans le cas où on n'aurait pas pu marier les morceaux. Les sciages de 3 mètres à 3m,99 de longueur et ceux de 4 mètres et au dessus sont généralement traités de gré à gré, soit en évaluant les premiers (3 mètres à 3m,99 de longueur) à fois 1/3, et ceux de 4 mètres et au dessus à fois 1/2 des prix de sciages, pratiqués dans des conditions ordinaires ou à toute autre condition analogue, en prenant pour base les prix en usage.

Par contre des plus-values ci-dessus, il est de règle que les sciages qui n'auraient pas leurs surfaces parfaitement planes subissent une dépréciation à arbitrer.

Outils du scieur de pierre tendre. — Les scieurs de pierre tendre se servent, à sec, de la *scie à dents* ou *scie dentelée*.

La *scie à dents* employée le plus fréquemment est celle que représente notre

Fig. 8.

figure 6. Cette scie, appelée aussi *passe-partout*, est composée d'une lame dentelée de forme circulaire du côté des dents ; les deux équiers formant les extrémités de la lame sont pourvus d'un œil dans lequel on passe un morceau de bois cylindrique qui sert de manche. Sous le rapport de la fabrication, la *scie dentelée* comprend deux variétés : celle (*fig.* 6) dont les dents sont découpées à même la lame et celle à dents rapportées. Celle représentée par notre figure 7 prend le nom de *scie à couteau*, ou bien encore *couteau à scie pour pierre tendre ;* comme le *couteau à scie* pour pierre dure, sa longueur varie entre 0m,60 et 1m,20

La *sciotte*, faisant partie des outils du tailleur de pierre pour ravalement, sera indiquée avec l'outillage de cet ouvrier.

En outre du *tourne-à-gauche* (*fig.* 4), les scieurs de pierre tendre se servent du *tourne-à-gauche*, représenté par notre figure 8, pour donner de la voie aux scies.

Pour achever cette énumération des outils et instruments du scieur de pierre tendre, il convient d'ajouter : les *cales* et la *lime* d'affutage à champs arrondis. Il

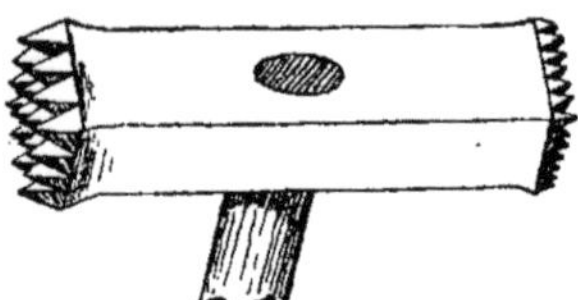

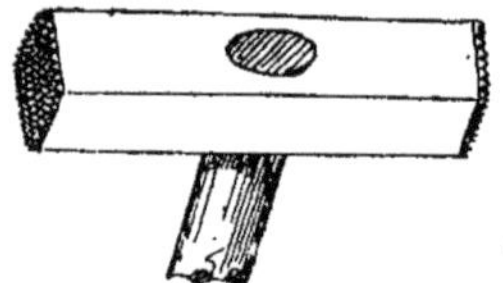

Fig. 9 et 10.

convient également de remarquer que, contrairement aux scieurs de pierre dure, les scieurs de pierre tendre n'ont nullement besoin ni de seaux, ni de cuiller, ni de grès, puisque le sciage de la pierre tendre se fait à sec et que le *chevalet* et le *ciel* seraient plutôt gênants qu'utiles pour ces derniers, le débit de la pierre tendre se faisant beaucoup plus rapidement que celui de la pierre dure.

Outils du tailleur de pierre. — La *boucharde* (*fig.* 9 et 10) est un marteau en fer aciéré dont les deux têtes carrées sont garnies de dents pyramidales juxtaposées, ou pointes de diamant. Elle sert à détacher les aspérités des parements dégrossis à la pioche, en frappant à petits coups du plat des têtes sur la surface à égaliser. Le nombre des dents des bouchardes est très variable et peut aller jusqu'à 400 dents, d'où les désignations de :

Boucharde à	64	dents
—	100	—
—	144	—
—	196	—
—	264	—
—	324	—
—	400	—

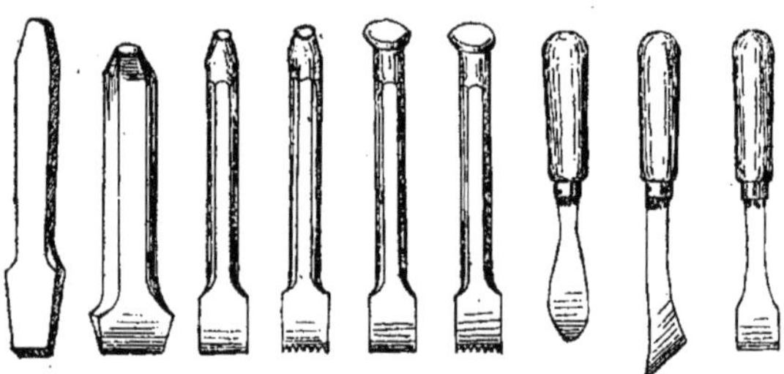

Fig. 11 à 19.

Le *ciseau* est un outil de forme prismatique ou cylindrique. Il est, à l'une de ses extrémités, aplati et aciéré (s'il n'est pas complètement en acier). Selon l'usage auquel il est destiné, le ciseau a, à l'autre extrémité, soit une tête en bourrelet, — il prend alors le nom de *ciseau à bourrelet* ou *ciseau à maillet*, et on se sert dans ce cas du maillet en bois comme outil de percussion, — soit une tête sans bourrelet; il prend alors le nom de *ciseau à main*, et on se sert alors de la masse en fer pour frapper. Il y a des ciseaux de plusieurs grandeurs et à tranchant plus ou moins large. Ces outils servent à relever les ciselures des arêtes et approcher les traits afin de pouvoir ébaucher et dresser les parements.

Suivant sa forme et son emploi, il prend les désignations suivantes :

Ciseau à granit (*fig*. 11);

Ciseau à grès (*fig*. 12);

Ciseau de tailleur de pierre, à massette ordinaire (*fig*. 13);

Ciseau de tailleur de pierre, à massette taillée (*fig*. 14);

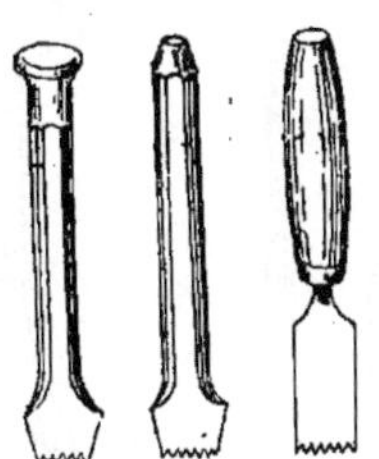

Fig. 20 à 22.

Ciseau de tailleur de pierre, à maillet ordinaire (*fig*. 15);

Ciseau de tailleur de pierre, à maillet taillé (*fig*. 16);

Ciseau de tailleur de pierre, à manche ordinaire (*fig*. 17);

Ciseau de tailleur de pierre, à manche taillé (*fig*. 18 et 19).

La *gradine* est un outil à tranchant dentelé qui sert à continuer l'enlèvement des aspérités après le poinçon. Pour la pierre dure, les gradines sont entièrement en fer, terminées du côté opposé au tranchant soit par un champignon (*fig*. 20), soit par un tronc de cône (*fig*. 21). Dans le premier cas, c'est le maillet en bois qui est employé comme outil de percussion; dans le second cas, c'est la masse en fer.

Pour la pierre tendre, les gradines sont à large tranche, ou bien elles sont à fers plats ou bombés, montés sur des manches en bois (*fig*. 22).

Le *maillet* est une espèce de marteau

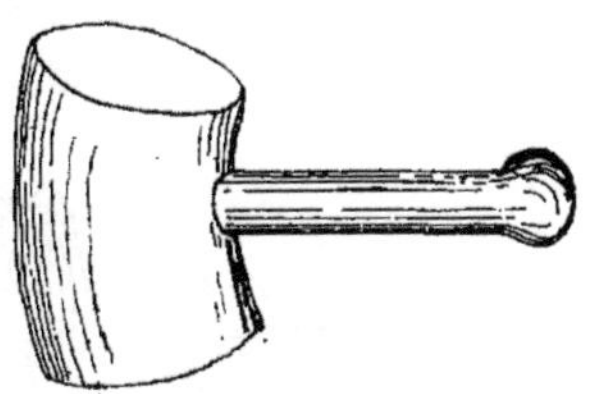

Fig. 23.

en bois dur (chêne, frêne, charme ou buis). Le manche a environ $0^{m},20$ de longueur (*fig*. 23).

Le *marteau bretté*, ou *laye*, est un outil qui sert à donner la dernière taille, à *layer* un parement ébauché. Le marteau

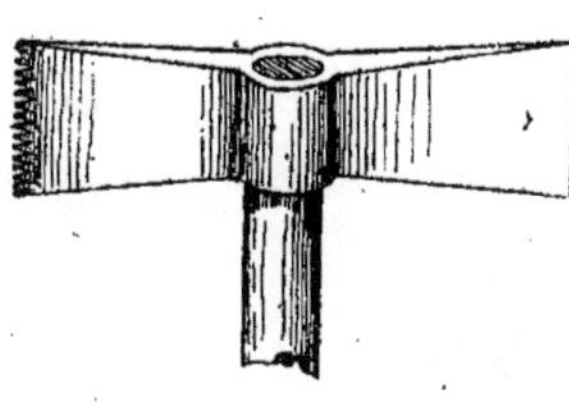

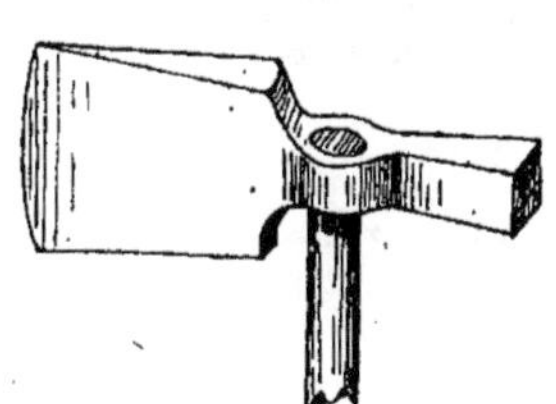

Fig. 24 et 25.

bretté a un côté tranchant et l'autre découpé en dents de scie (*fig*. 24). Quelquefois le tranchant bretté est remplacé par une tête carrée (*fig*. 25). L'outil prend alors le nom de *marteau taillant*.

La *masse* (*fig*. 26) est un maillet en fer à manche court qui sert à frapper sur le

Fig. 26
Fig. 27
Fig. 28
Fig. 29
Fig. 30
Fig. 31
Fig. 32
Fig. 33
Fig. 34
Fig. 35
Fig. 36 et 37
Fig. 38
Fig. 39
Fig. 40
Fig. 41
Fig. 42
Fig. 43 et 44
Fig. 45
Fig. 46

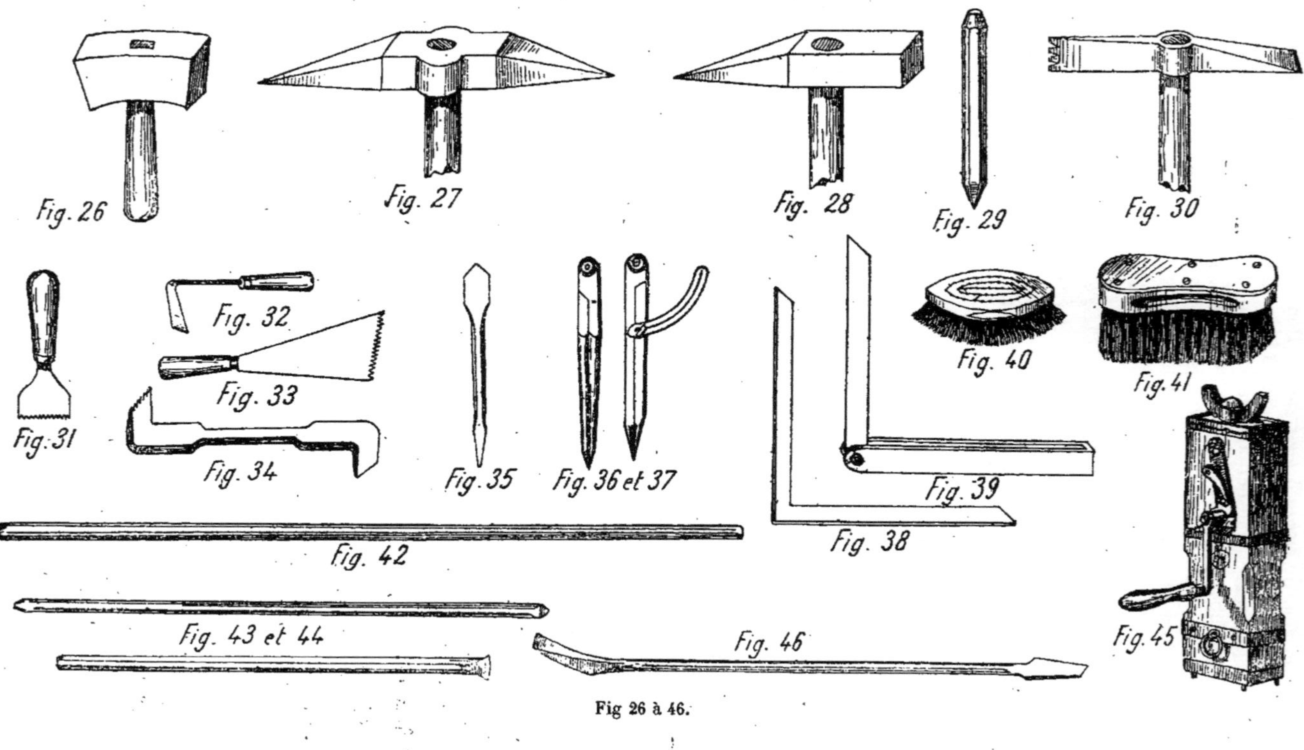

Fig 26 à 46.

ciseau, le poinçon, la gouge et la gradine, ceux de ces outils dont le manche est en fer et s'enfoncerait par conséquent dans le maillet en bois.

Le *pic* est un outil en fer aciéré qui s'emploie pour ébaucher et approcher de la forme fixée pour l'épannelage, après avoir abattu au *têtu*. Pour la pierre dure, le pic est généralement à deux pointes (*fig.* 27) et prend alors le nom de *pioche à deux pointes*. Pour la pierre tendre, il n'a qu'une seule pointe et une tête carrée (*fig.* 28).

Le *poinçon* est un outil (*fig.* 29) dont la tige cylindrique est terminée d'un côté par une pointe quadrangulaire aciérée, et, de l'autre, par une tête plate formant un bourrelet ou champignon sur lequel on frappe avec la masse. Le poinçon sert à pratiquer des trous et refouillements, ainsi qu'à abattre les plus fortes aspérités laissées par le dégrossissage des pierres au moyen d'un marteau.

On appelle *polkà* (*fig.* 30) un marteau à deux têtes dont l'une est à biseau simple et l'autre à biseau dentelé.

Le *riflard* (*fig.* 31) est un ciseau large,

Fig. 47.

dentelé ou bretté, avec lequel les tailleurs de pierre grattent le parement des pierres tendres.

La *ripe* est un outil en fer qui sert à racler et à polir la pierre. Il en existe de plusieurs formes, telles que la ripe coudée (*fig.* 32), la ripe droite dentée (*fig.* 33) et la ripe (*fig.* 34), dont les deux extrémités sont recourbées en sens opposé et dont

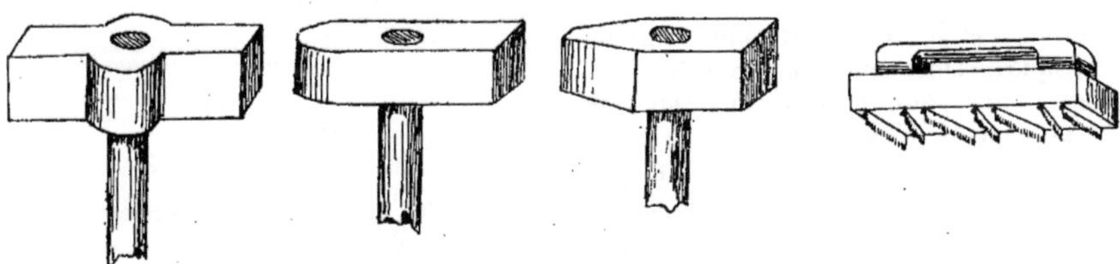

Fig. 48 à 51.

l'une est tranchante et l'autre brettée. Cette ripe sert à donner la dernière façon à un parement, en grattant d'abord avec le côté dentelé et en terminant avec le côté uni.

A ces outils du tailleur de pierre, il faut ajouter, pour en terminer la définition, une *mèche à pierre* (*fig.* 35) servant à percer des trous dans la pierre, un *compas en fer* (*fig.* 36 et 37), une *équerre simple* en fer plat (*fig.* 38), une équerre mobile ou *fausse équerre* (*fig.* 39), deux *règles plates* et une *brosse* soit en chiendent (*fig.* 40), soit en fil d'acier (*fig.* 41).

L'appareilleur lui fournit, en outre, les panneaux, beuveaux, cerces et jauges, qui lui sont nécessaires pour donner à la pierre la forme qu'elle doit avoir.

D'autre part l'entrepreneur met à sa disposition les outils ou instruments ci-après : La *batte à beurre* (*fig.* 42); les *burins* pour grès ou granit (*fig.* 43), à queue de carpe pour caillasse (*fig.* 44); le *cric* (*fig.* 45), qui est un des instruments les plus utiles au tailleur de pierre est d'un usage continuel sur les chantiers ; la *pince* (*fig.* 46), barre de fer servant de levier pour manœuvrer les grosses pierres; elle est terminée par deux extrémités aplaties dont l'une est légèrement recourbée; les *rouleaux* (*fig.* 47); le *têtu* (*testu*). Les testus sont de forts marteaux qui servent à abattre par éclats les angles inutiles d'un bloc de pierre et à l'ébaucher grossièrement, avant de le tailler, ou bien encore à fendre les blocs de pierre. Il y en a de différentes formes : ceux à têtes carrées (*fig.* 48), ceux à tête ronde (*fig.* 49), et celui de chantier (*fig.* 50).

Le **ravaleur** possède, comme outils spéciaux :

Le *chemin de fer* (rabotin à dents) (*fig.* 51) est un outil muni de plusieurs lames fixes en acier, brettées sur le tranchant et servant, comme la *ripe*, à unir les surfaces.

La *gouge* est un ciseau dont la partie

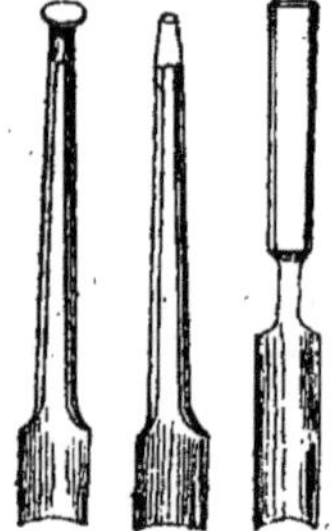

Fig. 52 à 54.

inférieure et le tranchant sont demi-cylindriques. De même que pour les gradines, celles pour la pierre dure sont en fer et sont de deux sortes : celles à tête plate (*fig.* 52), sur lesquelles on frappe avec le maillet en bois, et celles à tête conique (*fig.* 53), sur lesquelles on frappe avec la masse en fer. Pour la pierre tendre, la gouge employée est montée sur un manche en bois (*fig.* 54) et sert à creuser les gorges et les cannelures, après qu'on les a tracées avec la gradine.

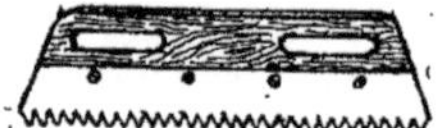

Fig. 55.

Le *guillaume*, espèce de rabot dont les lames ont la forme à donner aux moulures.

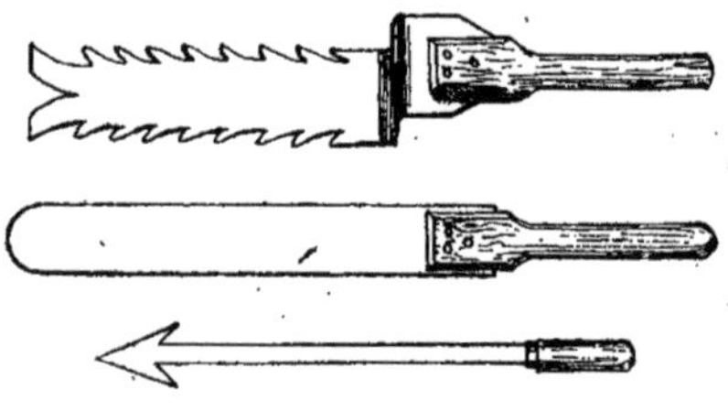

Fig. 56 à 58.

La *sciotte*, espèce de scie courte servant à creuser d'étroites rainures en ligne droite (*fig.* 55).

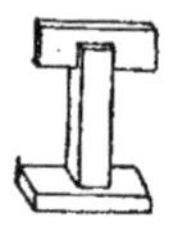

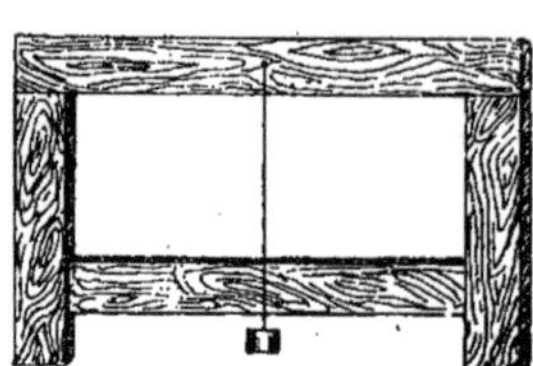

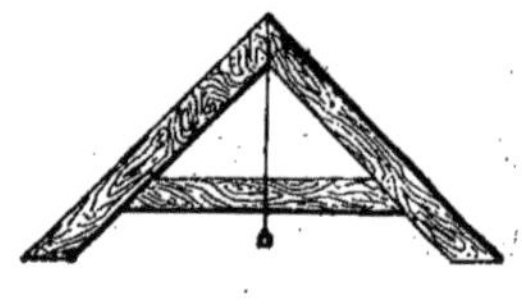

Fig. 59 à 61.

Le *repoussoir*, long ciseau en fer, nommé aussi *fer carré*, qui sert à tailler les moulures.

Pour compléter la nomenclature des outils et instruments employés dans le travail de la pierre (à l'exception de ceux utilisés pour le bardage de la pierre, et qui seront énumérés dans l'étude du bardage), il convient d'ajouter ceux qui sont utilisés soit par le poseur, soit par le ficheur et qui sont les suivants :

La *fiche* à dents (*fig.* 56) ou sans dents (*fig.* 57), qui sert à remplir demortier les joints d'assises en pierres.

La *pince* (Voir description, page 27 de notre *Traité*).

Le *tire-cale* (*fig.* 58), ayant la forme indiquée par le croquis et servant à retirer les cales de dessous les pierres posées et fichées.

Le *roule* ou *rouleau* morceau de bois fusiforme que les poseurs, les bardeurs et les tailleurs de pierre emploient pour conduire les blocs d'un endroit à un autre (Voir *fig.* 47).

La *mire* ou *nivellette* (*fig.* 59), le *niveau rectangulaire* (*fig.* 60), le *niveau triangulaire* (*fig.* 61), la *pierre à marquer*, la *ligne*, etc., etc.

Outils et instruments spéciaux

pour la grosse maçonnerie et les plâtres.

18. L'*auge* est une espèce de coffre à fond rectangulaire dont on se sert soit

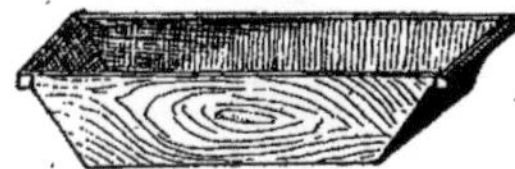

Fig. 62.

pour gâcher du plâtre, soit pour déposer du mortier. Suivant l'usage auquel elles sont destinées et les corps d'état des ouvriers qui les utilisent, les auges peuvent être en chêne (*fig.* 62), en sapin (*fig.* 63),

Fig. 63.

ou galvanisées (*fig.* 64), à quatre ou trois parois. Celles en chêne se divisent en plusieurs variétés de dimensions (*fig.* 62):

Celles dites à fonds larges
» de 0.80 × 0,58
» de 0.75 × 0.55
» de 0.70 × 0.51
» de 0.67 × 0.47
» de 0.62 × 0.45
» de 0.60 × 0.40
» de 0.52 × 0.28 (pour couvreur)
» de 0.52 × 0.35 (pour fumiste)

Les auges en sapin comprennent également plusieurs dimensions (*fig.* 63) :
Celles de 0.70 × 0.51 (fond large)
» de 0.67 × 0.47
» de 0.62 × 0.45

Et enfin les auges galvanisées (*fig.* 64):
Celles de 0.62 × 0.45
» de 0.60 × 0.48
» de 0.52 × 0.28 (ordinaire pour couvreur)
» de 0.52 × 0.28 (à double fond pour couvreur).

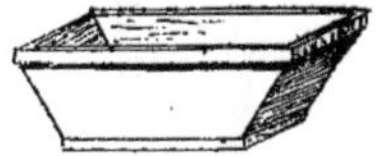

Fig. 64.

Mais celle dont l'usage est le plus fréquent en maçonnerie est faite en chêne et bien rabotée à l'intérieur, afin que le plâtre ne puisse adhérer aux parois. Sa profondeur varie de 0.22 à 0.26. Indépendamment des assemblages de planches qui la constituent, ses arêtes sont généralement renforcées d'équerres en fer, qui s'opposent à la disjonction.

Fig. 65.

De plus, que les auges soient en chêne, en sapin, ou galvanisées, elles sont munies à l'extérieur et sur leurs bords d'une sorte de bourrelet saillant qui sert à les soulever.

Toutes les auges dont nous avons parlé ci-dessus sont à quatre parois latérales évasées; mais, par contre, l'auge du cimentier, également rectangulaire (*fig.* 65), ne possède que trois parois, l'absence de la quatrième permettant le gâchage du ciment. Sa dimension ordinaire est généralement de 1 mètre de long, $0^{m},60$ de large et $0^{m},20$ de profondeur.

La *chevillette*, appelée aussi broche, est une tige de fer appointée, semblable à un grands clous ; on en distingue de trois sortes :

1° Celle du briqueteur (*fig.* 66);

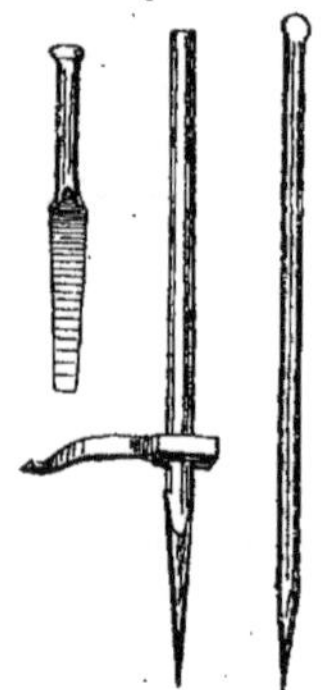

Fig. 66 à 68.

2° Celle à coulisse (*fig.* 67), servant aux maçons pour fixer leurs règles sur les murs ;

Fig. 69.

3° Celle du paveur (*fig.* 68).

Le *ciseau* de maçon est un outil en acier

Fig. 70.

et tranchant. Notre figure 69 représente un ciseau denté servant à tracer les gorges et les cannelures, qui sont ensuite creusées au moyen de la gouge. Il existe une grande variété de ciseaux (Voir à ce sujet

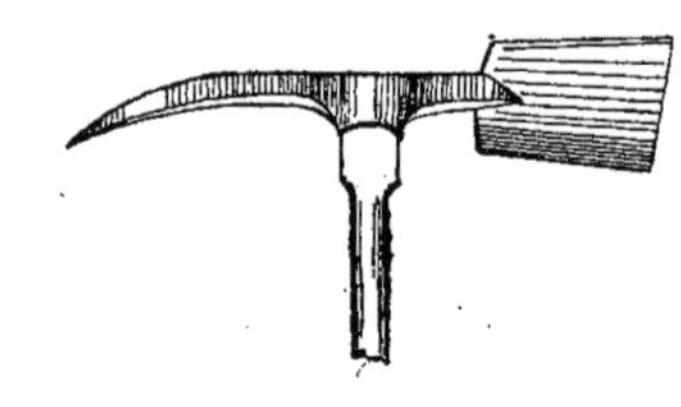

Fig. 71.

notre description des outils du tailleur de pierre).

Le *compas* (Voir outillage du tailleur de pierre).

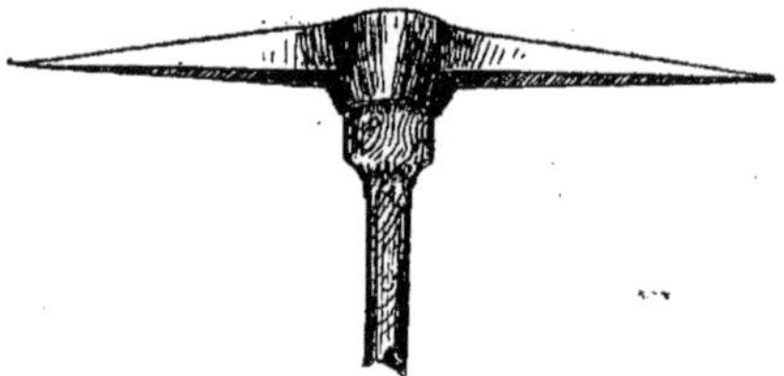

Fig. 72.

Le *décintroir* est un marteau à deux taillants, employé pour équarrir les trous déjà ébauchés. Il sert aussi (*fig.* 70) dans la démolition pour écarter les joint des

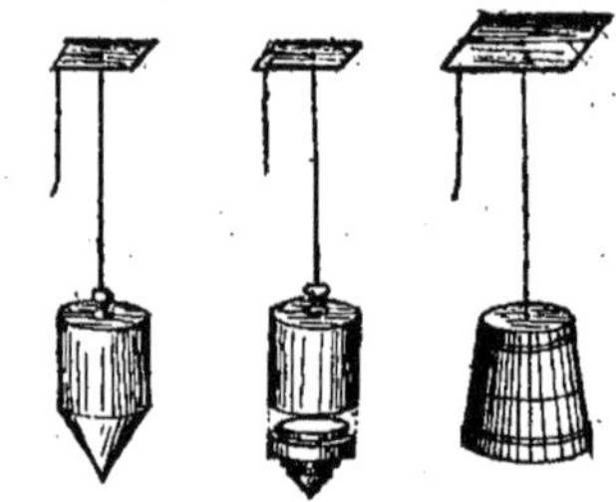

Fig. 73 à 75.

pierres et des moellons et pour les décarrelages.

Il existe également un *décintroir* dit *décintroir à talus* (*fig.* 71).

Le *dégrade-joints*, ou *picot*, est employé au travail préparatoire du rejointement, opération qui consiste à détruire l'ancien mortier des joints d'une maçonnerie pour le remplacer par du nouveau (*fig.* 72).

Le *fil à plomb*, instrument qui sert à vérifier si des travaux ou des objets sont bien verticaux ou à plomb. Il se compose

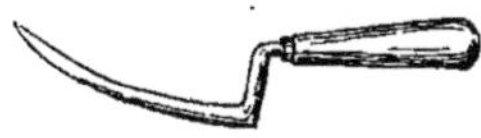

Fig. 76.

d'un poids cylindrique terminé en cône, suspendu par son axe à un cordeau ou à un fil très fort, et d'une petite plaque carrée de fer ou de cuivre, désignée sous le nom de *chas*, et percée dans son milieu d'un petit trou à travers lequel passe le cordeau ou le fil (*fig.* 73, 74 et 75) ; cette dernière représente le fil à plomb dit : *Plomb de maçon.*

Le fer à joints. — Outil qui sert au

Fig. 77.

maçon à faire les joints. Il y en a de deux sortes : l'un sert à creuser les joints (*fig.* 76), l'autre à ravaler (*fig.* 77).

Le fermoir. — Outil qui sert au maçon à terminer et à finir dans leurs moindres détails les moulures en plâtre. Il existe plusieurs genres de fermoirs, dont les trois principaux sont :

Le fermoir ordinaire ou à nez carré (*fig.* 78);
Le fermoir ordinaire ou à nez rond (*fig.* 79);
Le fermoir ordinaire ou angulaire (*fig.* 80).

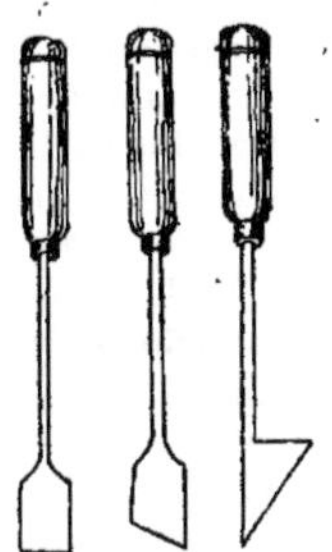

Fig. 78 à 80.

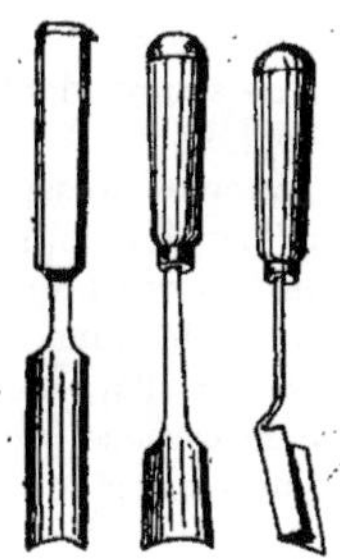

Fig. 81 à 83.

La gouge. — Ciseau dont la partie inférieure et le taillant sont demi-cylindriques. Il en existe une assez grande variété, dont les principales sont (en dehors de celles

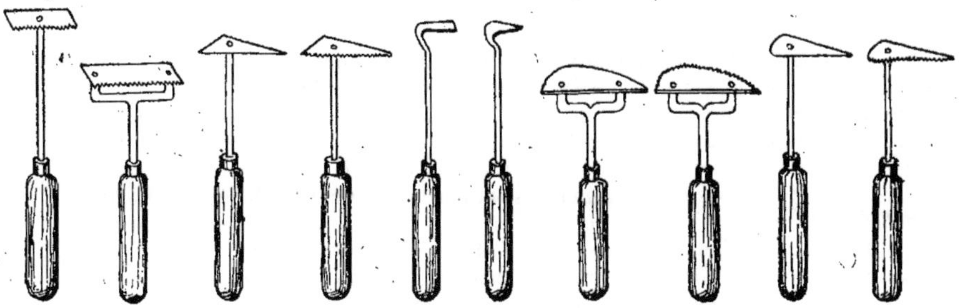

Fig. 84 à 93.

dont la description a été donnée dans la série des outils du tailleur de pierre) :

Gouge pour creuser les gorges (*fig.* 81) ;
Gouge à plâtre pour godrons (*fig.* 82) ;
Gouge à plâtre pour arêtes vives (*fig.* 83).

Le grattoir. — Instrument servant à gratter. Les grattoirs employés par les maçons sont de différentes sortes, savoir :

Grattoir carré et dentelé à une branche (*fig.* 84) ;
» carré et dentelé à deux branches (*fig.* 85) ;
» triangulaire uni (*fig.* 86) ;
» triangulaire dentelé (*fig.* 87) ;
» coudé à nez carré (*fig.* 88) ;
» coudé à nez angulaire (*fig.* 89) ;
» demi-rond à deux branches et uni (*fig.* 90) ;
» demi-rond à deux branches et dentelé (*fig.* 91) ;
» à feuille de sauge, uni (*fig.* 92) ;
» à feuille de sauge, dentelé (*fig.* 93).

La *grelichonne*, appelée aussi *guerlichonne*, est une truelle en fer employée par les maçons et les cimentiers ; les unes sont à pointe ou en forme de cône dont les côtés sont courbes (*fig.* 94), les autres affectent une forme de trapèze (*fig.* 95).

Le *guillaume* est un espèce de rabot, en bois généralement très dur, armé d'une petite lame en acier. Ainsi que nous l'avons indiqué dans la description des outils et instruments utilisés dans le travail de la pierre (Voir page 28 de notre *Traité*), cet outil est employé, d'une part, par les tailleurs de pierre pour exécuter des moulures sur pierre tendre, et, d'autre part, par le maçon pour rectifier des cueillies d'angles, des arêtes, des moulures en plâtre, etc. Suivant l'usage auquel ils sont destinés, les *guillaumes* varient de forme et de dimensions.

Fig. 94 et 95.

La *hachette*, désignée, dans certaines localités, sous le terme impropre de *hachotte*, n'est, en quelque sorte, qu'un marteau de maçon à tête carrée (*fig.* 96) et dont la panne verticale est tranchante, ce qui permet donc de s'en servir soit à frapper ou à couper et tailler. La *hachette* de maçon, nommée aussi *décintroir*, est certainement l'outil le plus employé par le maçon ; il s'en sert pour hacher et démolir les vieux ouvrages en plâtre, pour couper les lattes de longueur, les clouer, enfoncer et retirer les *chevillettes*, gratter à vif les enduits, ébousiner, équarrir et smiller les moellons, etc., etc. Il existe divers genres de *hachettes* : la petite, la grosse, celle à deux taillants dirigés dans le même sens, et enfin celle à deux taillants dirigés en sens contraire. Cette dernière est quelquefois employée par les maçons ; mais, le plus souvent, elle sert spécialement aux carreleurs et aux fumistes.

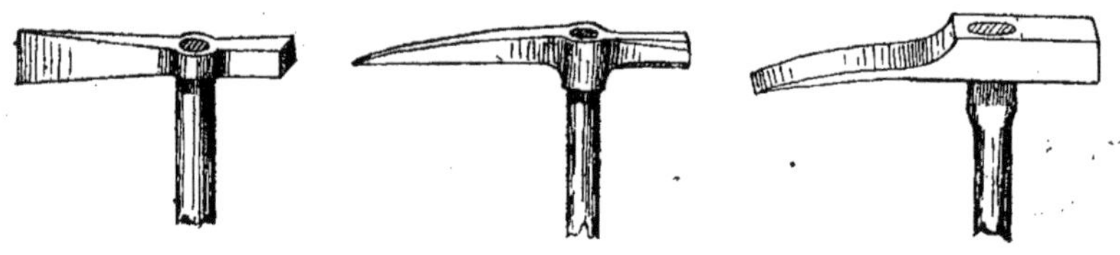

Fig. 96 à 98.

Laie ou *laye*.—Aux explications données au sujet de la *laie* dans les outils du tailleur de pierre, nous ajouterons que cet outil sert également à layer les moellons sur les faces devant rester apparentes. Cette opération laisse sur le parement des moellons une série de *stries* marquant les traces de la *laye*.

La *ligne* est un cordeau en chanvre

employé dans la maçonnerie soit pour élever des murs de même épaisseur, soit pour tracer, sur un mur, des lignes horizontales ou perpendiculaires (Voir plus loin au mot *cordeau*).

Le *marteau* est un outil en fer aciéré qui, quel que soit l'usage auquel il est destiné, est toujours composé de deux pièces : la tête, qui est percée d'un œil pour recevoir le manche et, du manche, qui peut être en bois ou en fer selon le corps

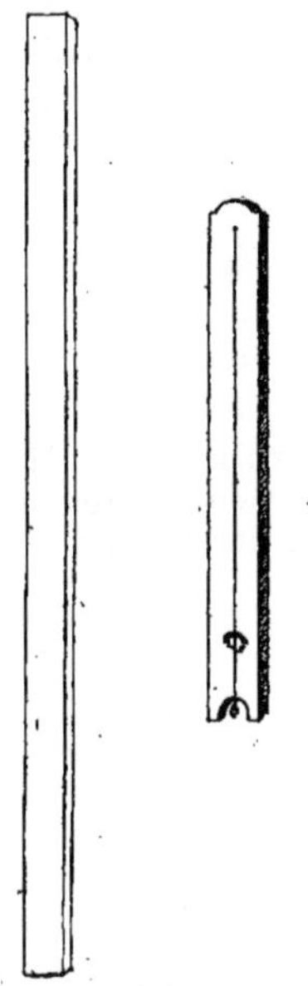

Fig. 99 et 100.

d'état qui l'emploie. La partie de la tête avec laquelle on frappe se nomme *panne*. Indépendamment du marteau de tailleur de pierre (*fig.* 24 et 25), il existe encore, pour la maçonnerie, deux autres sortes de marteaux :

Le marteau de maçon (*fig.* 97) ;

Le marteau de briqueteur (*fig.* 98) ;

Le *poinçon* (Voyez outils de tailleur de pierre).

Le *plomb de maçon* (Voyez fil à plomb).

Les *règles* employées dans la maçonnerie peuvent être classées en deux catégories :

1° Les *règles plates*, qui sont des lames de bois, le plus souvent en sapin (*fig.* 99), qui servent à tracer des lignes, à s'assurer si des surfaces sont bien dressées soit dans le sens vertical, soit dans le sens horizontal, etc. ;

2° Et la *règle à plomb*, qui sert à dresser d'aplomb les ouvrages de maçonnerie : en la tenant debout et en ayant soin d'appli-

Fig. 101

quer un des côtés sur le parement du mur. Dans l'axe de la largeur de la *règle à plomb* se trouve tracée une ligne droite qui reçoit le fil d'un plomb, attaché à l'extrémité supérieure de la règle (*fig.* 100), afin de laisser au plomb toute liberté de se mouvoir à droite ou à gauche ; l'extrémité inférieure de la règle est taillée en portion de cercle.

Le *riflard*, employé par le maçon, est un outil (*fig.* 101) composé d'une lame biaise et mince en métal, et d'un petit manche

Fig. 102 et 103.

en bois. Cet outil, qui est d'un usage très fréquent, sert à couper le plâtre, à raccorder les moulures planes, à égaliser les surfaces, à tailler les denticules, à terminer les ravalements en plâtre, etc., etc.

Le *tarabiscot* désigne aussi, sous le nom de *grain d'orge*, est un outil qui sert à faire des élégissements de moulures. De là le nom de *tarabiscot* donné aux moulures élégies avec cet outil.

La *taloche*, dont se sert le maçon pour exécuter les crépis et les enduits en plâtre, est une planchette de forme rectangulaire et d'un bois parfaitement dressé (*fig.* 102 et 103). Sur les bords de la face inférieure

Fig. 104 et 105.

sont fixés deux liteaux de bois, et dans le centre est fixé perpendiculairement, à la planchette, un manche servant à la tenir et à la manœuvrer.

Le *tire-joints* (Voyez *fer à joints*).

La *truelle* à plâtre est un outil en cuivre

Fig. 106.

qui a la forme d'un trapèze dont le sommet serait arrondi; celle pour le mortier est souvent pointue, et la lame est triangulaire; celle des cimentiers a sa lame de

Fig. 107 à 109.

forme ovale; on la désigne aussi sous le nom de *spatule*. Quel que soit l'usage auquel elle est destinée, la truelle est toujours composée d'une lame soit en fer, soit en acier ou en cuivre, et porte une tige emmanchée dans un manche en bois, serré dans une virole. Nos figures 104 et 105 représentent les deux modèles de truelle les plus usuels; mais il existe une grande variété :

La truelle **Berthelet** (*fig.* 106)
» carrée, en acier (*fig.* 107)
» de fumiste, en acier (*fig.* 108)
» à briques, en acier (*fig.* 109)
» » pointue (*fig.* 110)
» à joints, en acier (*fig.* 111)
» petite en fer (*fig.* 112)

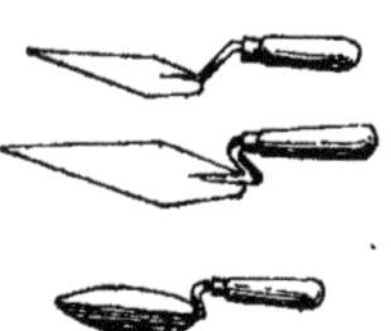

Fig. 110 à 112.

Les limousins se servent de la truelle pour hourder au mortier ou au plâtre des matériaux de construction. Les brique-

Fig. 113.

teurs s'en servent non seulement pour hourder les murs en brique, mais encore pour trancher la brique en se servant du côté de la truelle pour procéder à l'abatage des portions de longueur de briques. En de plus la truelle en cuivre dont ils se servent pour faire et dresser les enduits, les maçons se servent également de la *truelle* **Berthelet** (*fig.* 106) pour gratter la superficie des enduits, afin de les dresser avant de les nettoyer. Cette truelle, nommée aussi *truelle brettée*, est une truelle qui a la forme d'un rectangle allongé ; le manche, en forme de fourchette à deux branches, est perpendiculaire à la lame, à laquelle il est fixé par les deux dents de la fourchette ; l'un des bords de la lame est *dentelé ;* mais les dents, au lieu d'être angulaires, comme dans une scie, sont

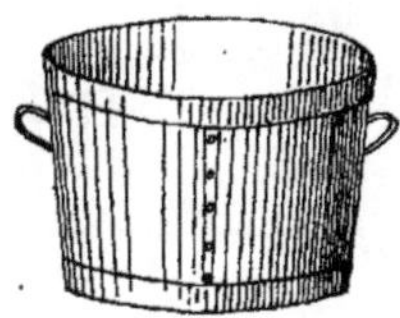

Fig. 114.

rectangulaires.

A ces outils employés dans la grosse maçonnerie et les plâtres il faut ajouter le *niveau rectangulaire* (*fig.* 60), le *mètre*, la *brosse*, etc., etc.

L'**Entrepreneur** fournit en outre aux ouvriers chargés de ces travaux :

Les *balais* (*fig.* **113**), servant aux balayage

Fig. 115.

des endroits ou des travaux sont exécutés.

Le *baquet* est un récipient en bois cerclé de fer ou en tôle, qui sert à porter le mortier. Notre figure **114** représente un baquet en tôle galvanisée pour maçonnerie, et notre figure **115** en montre un en tôle vernie noire.

La *batte à beurre* est un instrument en fer aciéré à quatre ou six lames (*fig.* 42) dont les garçons maçons ou limousins se servent pour *battre le beurre*, c'est-à-dire creuser un trou vertical dans une assise pour y fixer un chaînage à l'aide d'une

Fig. 116.

ancre : c'est dans le trou battu qu'on pose cette dernière.

La *benne* (Voyez *seaux*).

Le *bourriquet* cubique, employé dans les

Fig. 117.

chantiers de construction pour le montage des matériaux, tels que moellons, briques, poteries, sacs de plâtres, etc., est comme le représente notre figure **116**, une caisse à claire-voie de dimensions variables, ouverte à sa partie supérieure. Aux angles de son cadre supérieur, le bourriquet est pourvu d'anneaux qui reçoivent des chaînes en fer ou bien un *brayers*. Notre figure 117 montre un *bourriquet* plat servant également au montage des matériaux.

Le *brayers* nommé aussi *élingue* (*fig.* 118) est un faisceau de cordes employé pour

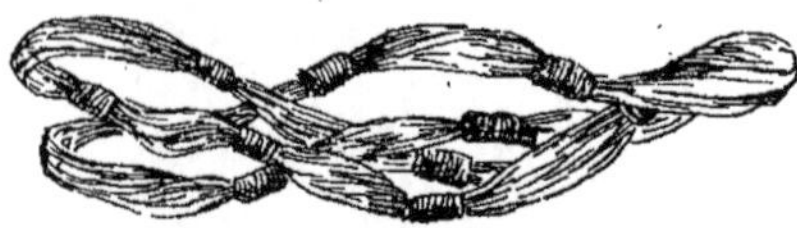

Fig. 118.

suspendre à un câble quelconque (chanvre ou chaîne) les bourriquets, les baquets, les pierres, etc., que l'on veut monter à une certaine hauteur.

Les *broches*. — Dans la maçonnerie, ce terme a deux significations bien dis-

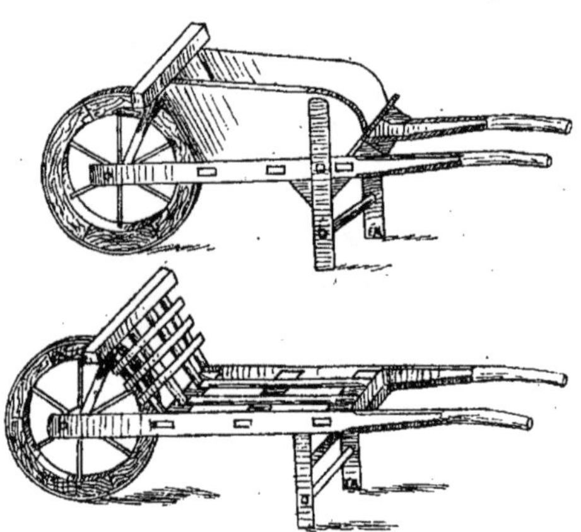

Fig. 119 et 120.

tinctes. Dans un cas, il sert à désigner deux lattes clouées en croix, employées pour l'implantation d'un bâtiment, et, dans l'autre cas, ce même mot sert à désigner les crochets en fer dont se servent les maçons pour fixer leur règle sur les murs.

La *brouette* est une espèce de petit tombereau à une roue, servant au transport des petits matériaux ; elle est munie de deux brancards, à l'aide desquels un homme la pousse devant lui. On distingue plusieurs sortes de brouettes : la *brouette ordinaire*, dite *brouette à coffre* (*fig.* 119), qui sert au transport de la chaux, du plâtre, des cailloux, du béton, du mortier, etc. ; la

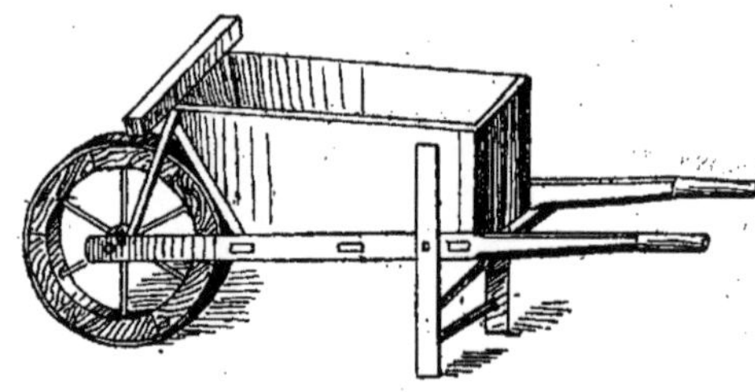

Fig. 121.

brouette à barre (*fig.* 120), qui ne possède qu'un fond et un dossier à claire-voie et sert principalement au transport de la brique, du moellon, de la meulière, des carreaux et sacs de plâtre ; la *brouette à mesure* pour dosage (*fig.* 121) est semblable à la brouette ordinaire, mais entièrement fermée sur les quatre côtés ; la brouette à laver les cailloux a la même forme que la brouette à dosage ; mais

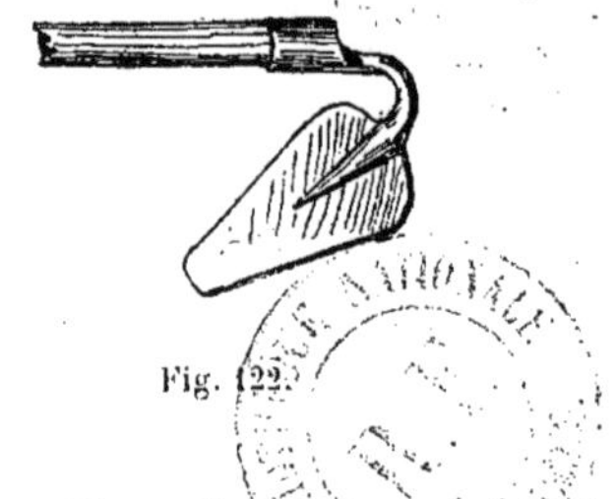

Fig. 122.

avec fond grillé au lieu de fond plein, afin de permettre l'écoulement de l'eau qu'on jette sur les cailloux pour les laver et les débarrasser des substances terreuses qui sont attachées à leurs surfaces.

Le *broyon*, ou *rabot*, est un instrument (*fig.* 122) composé d'une lame en fer large, recourbée et terminée en douille de façon

Livraison N° 2 1246e du Cours de Construction Prix : 50 centimes.

ENCYCLOPÉDIE THÉORIQUE & PRATIQUE DES CONNAISSANCES CIVILES & MILITAIRES

(*Publiée sous le patronage de la Réunion des officiers*)

PARTIE CIVILE

COURS DE CONSTRUCTION

Publié sous la direction de

G. OSLET, INGÉNIEUR DES ARTS ET MANUFACTURES

DIX-HUITIÈME PARTIE

MÉTRÉ ET ATTACHEMENTS

DE

TERRASSE, MAÇONNERIES, CARRELAGE & CIMENTS

(Supplément au *TRAITÉ DE FONDATIONS, MORTIERS, MAÇONNERIES*)

PAR

E. MOUREL-MAILLARD

Métreur spécialiste, Attacheur,

PARIS

GEORGES FANCHON, ÉDITEUR

25, RUE DE GRENELLE, 25

Droits de traduction et de reproduction réservés

Exposition Internationale du Livre : PARIS 1894. MÉDAILLE D'ARGENT

TRAITÉ DES ROUTES, RIVIÈRES & CANAUX

NEUVIÈME PARTIE DU COURS DE CONSTRUCTION

PAR

P. BERTHOT

Ingénieur des Arts et Manufactures. — Membre et lauréat de la Société des Ingénieurs civils de France. — Ancien Ingénieur de la province de Céara (Brésil). — Ingénieur en chef de l'Exposition Française à Moscou, en 1891.

PROGRAMME SOMMAIRE

AVANT-PROPOS

PREMIÈRE PARTIE. — ROUTES

CHAPITRE PREMIER

Définitions générales et classement.

HISTORIQUE

Les routes chez les Babyloniens, les Carthaginois, les Grecs et les Romains. — Leur importance chez ce dernier peuple, leur tracé, leur construction. — Chaussées de Brunehaut. — Des routes sous Henri IV, sous Louis XIV. — De la corvée, du péage. — De la prestation. — État actuel.

DES ROUTES DANS LES PAYS ÉTRANGERS

Routes en Angleterre, aux États-Unis, en Autriche, en Belgique, en Russie, en Suède, en Italie, en Espagne et en Allemagne.

CHAPITRE II

DU TRACÉ D'UNE ROUTE, PROFIL EN LONG

Premier cas. — *On possède une carte avec courbes de niveau.* — Limite de pente. — Méthode de Durand-Claye. — Considérations politiques et commerciales. — Projet de rectification. — Raccordements.
Deuxième cas. — *On possède une carte sans courbes de niveau.* — Procédés pour limiter les recherches sur le terrain.
Troisième cas. — *Il n'existe pas de cartes.* — Levé complet du terrain. — Description sommaire des procédés à employer. — Orientation de la route. — Détermination de la déclinaison de la boussole. — Détermination de la latitude et de la longitude. — Des mesures approchées et des calculs qui en résultent.

CHAPITRE III

PROFILS EN TRAVERS

Leur forme. — Bombements. — Accotements. — Gares. — Types de profils en travers. — Le choix est déterminé par la nature des matériaux à disposition et par le coefficient de traction.

CHAPITRE IV

EXPÉRIENCES SUR LE TIRAGE DES VOITURES

Le général Morin et Dupuit. — Influence du diamètre et de la largeur du bandage des roues. — Des flaches. — Des pentes et rampes.

CHAPITRE V

ÉTUDE DU PROJET DÉFINITIF

Évaluation des déblais et des remblais. — Méthode approchée. — Méthode exacte. — Équilibre des remblais et des déblais. — Évaluation des transports. — Moyens en usage pour les effectuer.

CHAPITRE VI

INFRASTRUCTURE

Établissement du profil en long. — De la forme. — Généralités sur les chaussées dallées, pavées, empierrées, en bois, en fascinage, en bitume comprimé. — Tramways.

CHAPITRE VII

CONSTRUCTION DES CHAUSSÉES

CHAUSSÉES DALLÉES

Procédés employés.

CHAUSSÉES PAVÉES

Des pavés, de leur fabrication, de leur durée. — Du sable. — Construction d'un chemin pavé. — Prix de revient.

CHAUSSÉES EMPIERRÉES

Choix des matériaux. — De leur liaison. — De leur préparation. — Machines à casser les pierres. — Rouleaux compresseurs. — Prix de revient.

CHAUSSÉES EN BOIS

Différents systèmes employés. — Choix et préparation du bois. — Infrastructure. — Pose. — Durée. — Prix de revient.

CHAUSSÉES EN FASCINAGE

Dans quels cas on doit y avoir recours. — Fabrication de fascines. — Prix de revient.

CHAUSSÉES EN BITUME COMPRIMÉ

Infrastructure. — Bitumage. — Trottoirs. — Bordures. — Prix de revient.

CHAPITRE VIII

TRAVAUX ACCESSOIRES

Ponts et ponceaux. — Aqueducs. — Bouches d'égout. — Fossés. — Plantations.

CHAPITRE IX

ENTRETIEN DES CHAUSSÉES PAVÉES ET EMPIERRÉES

Relevages à bout. — Autres modes. — Des chaussées empierrées. — Méthode du point à temps. — Balayage à outrance. — Emploi. — Béton. — Entretien par rechargements généraux. — Cylindrage. — Usure. — Machines à balayer. — Arrosage, arrosage chimique. — Frais d'entretien. — Comparaison des différents systèmes.

CHAUSSÉES EN BOIS

Entretien. — Réparations. — Frais d'entretien.

CHAPITRE X

Coup d'œil sur la législation des routes depuis les temps anciens jusqu'à nos jours. — Législation actuelle. — Décret d'utilité publique. — Enquête *de commodo et incommodo.* — Autorisation pour pratiquer les études, expropriations, payement des indemnités. — Occupations temporaires. — Indemnités. — Contrat avec les entrepreneurs. — Garantie d'exécution. — Surveillance des travaux. — Réception des travaux.

CHAPITRE XI

Règlements de police relatifs à la conservation des routes. — Au roulage. — Déclassement des chemins.

CHAPITRE XII

Personnel des ponts et chaussées. — Ingénieurs. — Conducteurs. — Agents voyers. — Personnel subalterne.

CHAPITRE XIII

COMPTABILITÉ

Budgets. — Parts contributives de l'État, du Département, de la Commune. — Évaluation et répartition des ressources. — Comptabilité des ingénieurs des ponts et chaussées. — Des agents voyers. — De l'ordonnancement. — Justification des dépenses.

DEUXIÈME PARTIE. — RIVIÈRES

CHAPITRE PREMIER

NAVIGATION

Conditions qu'un cours d'eau doit remplir pour être flottable ou navigable. — Résistance au mouvement des bateaux. — Flottage. — Halage. — Bateaux à voiles. — Remorquage par bateaux à roues, par bateaux à hélice. — Touage. — Câble de M. Maurice Lévy. — Prix de revient de ces différents modes de transport. — Comparaison avec les transports sur routes et sur chemins de fer.

CHAPITRE II

CLASSIFICATION DES FLEUVES ET RIVIÈRES

Torrents. — Rivières torrentielles. — Rivières à régime régulier. — Vitesse de l'eau. — Influence de la forme du lit de la rivière. — De sa direction. — Des remous. — Leur cours. — Leurs effets. — Jaugeage des cours d'eau.

CHAPITRE III

TORRENTS

Leur extinction par le reboisement. — Rivières torrentielles. — Leur correction. — Exemples. — Défense des rives. — Fascines, digues en charpente, plantation, enrochements, perrés, épis. — Étude sur les sables. — Leur déplacement, leur fixation.

CHAPITRE IV

ÉTIAGE

Crues et inondations. — Observations de Vallès, de Dupuit. — Prévision des crues. — Réservoirs d'assainissement. — Endiguements. — Canaux de dérivation. — Déversoirs. — Zones d'inondations. — Rupture des digues. — Assurances.

CHAPITRE V

AMÉLIORATION DES RIVIÈRES

Quelles sont les vitesses en différents points de la section d'une rivière? — Hauts fonds. — Rapides. — Profil en long et en travers de la section des rivières. — Endiguements. — Canalisation. — Barrages. — Types en usage.

CHAPITRE VI

UTILISATION DES EAUX PAR L'INDUSTRIE

Sur les rivières flottables. — Navigables. — Sur les petits cours d'eau. — Création d'une chute. — Évaluation du travail disponible. — Bief d'amont. — Bief d'aval. — Barrages. — Vannes. — Formalités administratives pour la création d'une chute. — Droits des tiers. — Mesures administratives et policières.

CHAPITRE VII

Utilisation des cours d'eau pour l'agriculture. — Inondations partielles des terrains. — Leur utilité. — Drainage. — Collecteur. — Irrigations. — Canaux principaux. — Rigoles. — Leur tracé. — Droits des tiers. — Règlements de police.

CHAPITRE VIII

Personnel attaché spécialement aux cours d'eau. — Ingénieurs. — Conducteurs. — Piqueurs. — Éclusiers. — Gardes-pêche.

CHAPITRE IX

Lois et règlements en vigueur. — Police des fleuves, des rivières, des canaux.

CHAPITRE X

Comptabilité. — Recettes. — Dépenses. — Ordonnancement. — Payements. — Vérification de la comptabilité.

TROISIÈME PARTIE. — CANAUX

CHAPITRE PREMIER

DÉFINITIONS

ÉVALUATION DE LA QUANTITÉ D'EAU NÉCESSAIRE POUR ALIMENTER UN CANAL

Perte due au passage d'un bateau, aux filtrations, à l'évaporation.

CHAPITRE II

ALIMENTATION

Étude des ressources en eau disponible. — Réserves. — Bassins de secours. — Réservoirs. — Machines élévatoires.

CHAPITRE III

Tracé d'un canal. — Canal à point de partage. — Canal latéral. — Considérations qui doivent guider dans le choix de l'emplacement d'une écluse. — Détermination de la section d'un canal. — Profil en long. — Profil en travers. — Dimensions des écluses. — Devis.

CHAPITRE IV

Travaux de terrassements. — Construction de la cuvette. — Abords. — Talus. — Gazonnement. — Chemin de halage. — Étanchement à l'eau trouble.

CHAPITRE V

ÉCLUSES

Leurs dimensions. — Construction du radier, des bajoyers, du buse. — Portes d'écluse en bois, en fonte, en fer. — Appareils élévatoires des bateaux.

CHAPITRE VI

Digues. — Bassins. — Épaisseur des murs. — Solide d'égale résistance. — Résistance du sol à l'écrasement et au glissement. — Digues en terre. — Perrés d'étang. — Barrages fixes et mobiles. — Système Caméré, etc.

CHAPITRE VII

TRAVAUX ACCESSOIRES

Maisons d'éclusiers. — Ponts. — Canaux. — Rigoles. — Vannages. — Prises d'eau pour l'industrie ou l'agriculture. — Aqueducs.

CHAPITRE VIII

État des voies navigables en France et en Belgique. — Groupe de l'Oise, de la Marne, de l'Yonne, de la Seine, de l'Eure. — Bassins du Nord. — Rivières et canaux. — Littoral normand. — La Loire, ses affluents. — La Charente. — La Sèvre-Niortaise. — La Dordogne. — La Garonne. — La Gironde. — L'Adour. — Le Rhône. — Littoral de la Méditerranée. — Voies navigables de l'Est. — Belgique. — Canaux du Sud, du Centre et de l'Est de la Belgique.

CHAPITRE IX

PERSONNEL

Le même que celui des ponts et chaussées. — Gardes-pêche. — Éclusiers. — Entretien.

CHAPITRE X

Législation spéciale relative aux canaux et aux voies navigables. — Mesures de police.

CHAPITRE XI

COMPTABILITÉ

Recettes. — Dépenses. — Ordonnancement. — Payements. — Vérification des comptes.

Livraison. — Tome II. — N° 24. 1441e Cours de Construction. Prix : 50 centimes.

ENCYCLOPÉDIE THÉORIQUE & PRATIQUE DES CONNAISSANCES CIVILES & MILITAIRES

(*Publiée sous le patronage de la Réunion des officiers*)

PARTIE CIVILE

COURS DE CONSTRUCTION

Publié sous la direction de

G. OSLET, INGÉNIEUR DES ARTS ET MANUFACTURES

DIX-HUITIÈME PARTIE

MÉTRÉ ET ATTACHEMENTS

DE

TERRASSE, MAÇONNERIES, CARRELAGE & CIMENTS

(Supplément au *TRAITÉ DE FONDATIONS, MORTIERS, MAÇONNERIES*)

PAR

E. MOUREL-MAILLARD

Métreur spécialiste, Attacheur,

DESSINS DE L'AUTEUR

PARIS

GEORGES FANCHON, ÉDITEUR

25, RUE DE GRENELLE, 25

Droits de traduction et de reproduction réservés

Exposition Internationale du Livre : PARIS 1894. MÉDAILLE D'ARGENT

ALBERT BAYOUX
MÉTRÉS ET ATTACHEMENTS DE MAÇONNERIE
VÉRIFICATION DE MÉMOIRES
Rue de l'Alouette, 30 *bis à SAINT-MANDÉ* (*Seine*)

PROGRAMME SUCCINCT

TRAITÉ DE PERSPECTIVE

Par G. TUBEUF, Architecte. Ancien élève de l'École des Beaux-Arts.

PRÉLIMINAIRES

Objet de la perspective. — Définitions. — Exposé des diverses méthodes.

CHAPITRE PREMIER

PERSPECTIVE DES PLANS

§ I. — *Principes de perspective.* — Coordonnées perspectives. — Lignes de front. — Lignes fuyantes. — Figures situées dans des plans de front. — Du géométral et du tableau.

§ II. — *Perspective d'une droite géométrale* — Positions particulières des droites. — Points de fuite accidentels. — Points de distance principaux ou accidentels. — Problèmes d'exercices divers dont la résolution n'implique pas la connaissance des points principaux. — Problèmes d'exercices exigeant la connaissance des points de fuite et de distance. Différentes méthodes.

§ III. — *Construction sur le géométral par relèvement.* — Problèmes.

§ IV. — *Des cercles horizontaux.* — Tracé perspectif des cercles horizontaux. — Cas particuliers. — Problèmes.

V. — *Graticolage.* — De la mise au carreau.

CHAPITRE II

PERSPECTIVE DES ÉLÉVATIONS

§ I. — *Principe des hauteurs.* — Echelle des hauteurs. — Perspective des figures situées dans des plans verticaux. — Applications diverses.

§ II. — *Perspective directe.* — D'un point. — D'une droite. — Intersections de droites avec les plans. — De plans entre eux, obtenus directement. — Perspective directe des intersections de moulures rectilignes et curvilignes. — Applications aux corniches et aux frontons.

§ III. — *Images d'optique.* — Images par réflexion. — Loi de la réflexion. — Réflexion par une nappe d'eau. — Réflexion par des miroirs. — Point de fuite et ligne de fuite des images. — Renversement de la ligne d'horizon. — Images par réfraction.

§ IV. — *Des ombres.* — Principes des ombres sur plan horizontal et sur plan vertical. — Ombre des polyèdres, des prismes, des pyramides, d'un perron. — Applications diverses. — Ombres portées ou reçues par des surfaces courbes. — Applications au cône, au cylindre. — Voûte en berceau, arcade, niche.

§ V. — *Effets de perspective.* — Problème inverse de perspective ou restitution. — Recherche de la ligne d'horizon. — Restitution du point principal et du point de distance. — Restitution de divers objets simples; d'édifices présentés par des vues obliques, d'édifices situés dans des plans de front.

§ VI. — *Dérogation aux règles de la perspective.* — Dérogations relatives aux surfaces courbes. — Des procédés pratiqués par les peintres pour représenter les corps dont les surfaces sont courbes. — Considérations géométriques sur les dérogations relatives au contour apparent des figures. — Choix du point de vue et du point de distance, leur position.

§ VII. — *Contours apparents et lignes d'ombre.* — Du contour apparent des surfaces. — Applications à un piédouche. — Lignes d'ombre des surfaces. — Application à un tore.

§ VIII. — *Appareils délinéateurs et appareils d'optique.* — Généralités. — Diagraphe. — Té brisé. — Chambre noire. — Chambre claire.

§ IX. — *Dessin d'après nature.* — Appréciation des rapports des inclinaisons, de la hauteur d'horizon. — Des cercles et de leur division dans le dessin d'après nature. — Exemples.

CHAPITRE III

PERSPECTIVE AÉRIENNE

Observations sur la perspective aérienne. — Atmosphère, sa densité, sa couleur, azur du ciel. — Ciel pur, son apparence concave. — Fumée, brouillards. — Nuages, arcs-en-ciel. — Reflets, contours vagues des objets éloignés. — Eaux calmes, eaux tombantes. — Lointains. — Soleil couchant.

CHAPITRE IV

PERSPECTIVE DE CONVENTION

§ I. — *Des perspectives de convention.* — Perspective cavalière, rapport de réduction. — Exemples. — Perspective axonométrique. — Echelle et rapports. — Exemples. — Perspective isométrique, rapports et exemples.

§ II. — *Cas particuliers de perspective.* — Tableaux courbes. — Panoramas. — Plafonds. — Théorie de la perspective des bas-reliefs. — Parallèle des bas-reliefs avec le dessin et la ronde-bosse sous le rapport de la perspective.

§ III. — *Décoration théâtrale.* — Définition. — Construction spéciale aux châssis obliques. — Etablissement d'une décoration. — Plantation des châssis. — Châssis de front. — Châssis obliques. — Fermes. — Plafonds. — Rideaux de fond. — Petits rideaux. — Plantations à l'italienne. — Décoration fermée

Livraison. — Tome II. — N° 25. 1442e Cours de Construction. Prix : 50 centimes.

ENCYCLOPÉDIE THÉORIQUE & PRATIQUE DES CONNAISSANCES CIVILES & MILITAIRES

(Publiée sous le patronage de la Réunion des officiers)

PARTIE CIVILE

COURS DE CONSTRUCTION

Publié sous la direction de

G. OSLET, INGÉNIEUR DES ARTS ET MANUFACTURES

DIX-HUITIÈME PARTIE

MÉTRÉ ET ATTACHEMENTS

DE

TERRASSE, MAÇONNERIES, CARRELAGE & CIMENTS

(Supplément au *TRAITÉ DE FONDATIONS, MORTIERS, MAÇONNERIES*)

PAR

E. MOUREL-MAILLARD

Métreur spécialiste, Attacheur,

DESSINS DE L'AUTEUR

PARIS

GEORGES FANCHON, ÉDITEUR

25, RUE DE GRENELLE, 25

Droits de traduction et de reproduction réservés

Exposition Internationale du Livre: PARIS 1894. MÉDAILLE D'ARGENT

ALBERT BAYOUX
MÉTRÉS ET ATTACHEMENTS DE MAÇONNERIE
VÉRIFICATION DE MÉMOIRES
Rue de l'Alouette, 30 bis à SAINT-MANDÉ (Seine)

PROGRAMME SUCCINCT

TRAITÉ DE PERSPECTIVE

Par **G. TUBEUF**, Architecte. Ancien élève de l'École des Beaux-Arts.

PRÉLIMINAIRES

Objet de la perspective. — Définitions. — Exposé des diverses méthodes.

CHAPITRE PREMIER

PERSPECTIVE DES PLANS

§ I. — *Principes de perspective.* — Coordonnées perspectives. — Lignes de front. — Lignes fuyantes. — Figures situées dans des plans de front. — Du géométral et du tableau.

§ II. — *Perspective d'une droite géométrale* — Positions particulières des droites. — Points de fuite accidentels. — Points de distance principaux ou accidentels. — Problèmes d'exercices divers dont la résolution n'implique pas la connaissance des points principaux. — Problèmes d'exercices exigeant la connaissance des points de fuite et de distance. Différentes méthodes.

§ III. — *Construction sur le géométral par relèvement.* — Problèmes.

§ IV. — *Des cercles horizontaux.* — Tracé perspectif des cercles horizontaux. — Cas particuliers. — Problèmes.

V. — *Graticolage.* — De la mise au carreau.

CHAPITRE II

PERSPECTIVE DES ÉLÉVATIONS

§ I. — *Principe des hauteurs.* — Echelle des hauteurs. — Perspective des figures situées dans des plans verticaux. — Applications diverses.

§ II. — *Perspective directe.* — D'un point. — D'une droite. — Intersections de droites avec les plans. — De plans entre eux, obtenus directement. — Perspective directe des intersections de moulures rectilignes et curvilignes. — Applications aux corniches et aux frontons.

§ III. — *Images d'optique.* — Images par réflexion. — Loi de la réflexion. — Réflexion par une nappe d'eau. — Réflexion par des miroirs. — Point de fuite et ligne de fuite des images. — Renversement de la ligne d'horizon. — Images par réfraction.

§ IV. — *Des ombres.* — Principes des ombres sur plan horizontal et sur plan vertical. — Ombre des polyèdres, des prismes, des pyramides, d'un perron. — Applications diverses. — Ombres portées ou reçues par des surfaces courbes. — Applications au cône, au cylindre. — Voûte en berceau, arcade, niche.

§ V. — *Effets de perspective.* — Problème inverse de perspective ou restitution. — Recherche de la ligne d'horizon. — Restitution du point principal et du point de distance. — Restitution de divers objets simples; d'édifices présentés par des vues obliques, d'édifices situés dans des plans de front.

§ VI. — *Dérogation aux règles de la perspective.* — Dérogations relatives aux surfaces courbes. — Des procédés pratiqués par les peintres pour représenter les corps dont les surfaces sont courbes. — Considérations géométriques sur les dérogations relatives au contour apparent des figures. — Choix du point de vue et du point de distance, leur position.

§ VII. — *Contours apparents et lignes d'ombre.* — Du contour apparent des surfaces. — Applications à un piédouche. — Lignes d'ombre des surfaces. — Application à un tore.

§ VIII. — *Appareils délinéateurs et appareils d'optique.* — Généralités. — Diagraphe. — Té brisé. — Chambre noire. — Chambre claire.

§ IX. — *Dessin d'après nature.* — Appréciation des rapports des inclinaisons, de la hauteur d'horizon. — Des cercles et de leur division dans le dessin d'après nature. — Exemples.

CHAPITRE III

PERSPECTIVE AÉRIENNE

Observations sur la perspective aérienne. — Atmosphère, sa densité, sa couleur, azur du ciel. — Ciel pur, son apparence concave. — Fumée, brouillards. — Nuages, arcs-en-ciel. — Reflets, contours vagues des objets éloignés. — Eaux calmes, eaux tombantes. — Lointains. — Soleil couchant.

CHAPITRE IV

PERSPECTIVE DE CONVENTION

§ I. — *Des perspectives de convention.* — Perspective cavalière, rapport de réduction. — Exemples. — Perspective axonométrique. — Echelle et rapports. — Exemples. — Perspective isométrique, rapports et exemples.

§ II. — *Cas particuliers de perspective.* — Tableaux courbes. — Panoramas. — Plafonds. — Théorie de la perspective des bas-reliefs. — Parallèle des bas-reliefs avec le dessin et la ronde-bosse sous le rapport de la perspective.

§ III. — *Décoration théâtrale.* — Définition. — Construction spéciale aux châssis obliques. — Etablissement d'une décoration. — Plantation des châssis. — Châssis de front. — Châssis obliques. — Fermes. — Plafonds. — Rideaux de fond. — Petits rideaux. — Pantalons à l'italienne. — Décoration fermée

TRAITÉ D'EXPLOITATION DES MINES

(*13e Partie du Cours de Construction*)

PAR

H. KUSS
Ingénieur en chef au corps des Mines,
Directeur de l'Ecole des Maîtres Mineurs de Douai.

L. FÈVRE
Ingénieur au corps des Mines.

PROGRAMME SOMMAIRE

CHAPITRE PREMIER

Aperçu de géologie minière. — Gîtes minéraux. — Divers modes de gisement. — Couches, filons, amas; gîtes détritiques. — Allure des gîtes, accidents qui les affectent. Exemples: combustibles, minéraux, gîtes métallifères stratifiés, sel gemme, matériaux de construction, filons et amas métallifères, alluvions aurifères, gîtes de pétrole.

CHAPITRE II

Recherche des mines. — Importance de l'étude géologique de la région. — Organisation des travaux de recherche.

CHAPITRE III

Sondages. — Outils de forage, d'alésage, de curage, de prise d'échantillons. — Sondages à la tige, à la corde, au diamant.

CHAPITRE IV

Procédés d'abatage. — Outils du mineur; explosifs, leur emploi. — Perforation mécanique; perforatrices à air comprimé, électriques.

CHAPITRE V

Percement et soutènement des galeries; fonçage des puits. — Boisage, muraillement, blindage, cuvelage des puits. — Fonçage à niveau bas, à niveau plein. — Emploi de la congélation.

CHAPITRE VI

Méthodes d'exploitation. — Exploitation par piliers abandonnés. — Exploitation des filons. — Méthodes applicables aux couches minces, aux couches moyennes, aux couches puissantes. — Exploitations à ciel ouvert.

CHAPITRE VII

Transports souterrains. — Voi. — Matériel roulant — Traction.

CHAPITRE VIII

Extraction. — Matériel d'extraction, câbles, moteurs.

CHAPITRE IX

Aérage. — Atmosphère des mines. — Grisou. — Poussières. — Ventilation. — Aménagement des courants. — Aérage naturel, par foyers mécaniques. — Ventilateurs de divers types.

CHAPITRE X

Eclairage. — Lampes ordinaires, lampes de sûreté. — Indicateurs de grisou.

CHAPITRE XI

Epuisement. — Galeries d'assèchement, pompes de mines.

CHAPITRE XII

Circulation du personnel. — Accidents. — Sauvetage.

CHAPITRE XIII

Préparation mécanique. — Triage, lavage; fabrication des agglomérés; fabrication du coke.

CHAPITRE XIV

Législation et réglementation. — Organisation du travail.

CHAPITRE XV

Appendice sur la topographie souterraine.

NOTE DE L'ÉDITEUR

Le Cours de Construction paraît à raison de dix livraisons chaque mois; les 9 premières et la 12e partie sont complètement parues. Les 10e, 11e 13e et 15e parties sont en cours de publication.

Pour les paiements, on règle à raison de 5 francs en une quittance par la poste, après 10 livraisons reçues ou au comptant. Les diverses parties du *Cours* peuvent être prises séparément. Demander le catalogue qui donne le programme détaillé de chaque partie.

Pour souscrire, détacher le bulletin ci-dessous après l'avoir préalablement rempli et signé et l'adresser à M. Georges FANCHON, 25, rue de Grenelle, Paris.

N.-B. — On peut se procurer les parties déjà parues ou en cours à raison de 5 fr. par mois pour 100 francs ou fraction de 100 francs. — Demander le catalogue.

Je soussigné.. profession de ....

demeurant à .... rue .... n° .... département d ....

.... déclare souscrire à ....

aux conditions suivantes : ....

E. MOUREL-MAILLARD

Métreur-attacheur spécialiste en Maçonnerie

ATTACHEMENTS FIGURÉS. — DEVIS. — PLANS. — PROJETS

AUTEUR DU *TRAITÉ DE MÉTRÉ*

PARIS. — 12, Rue Mélingue, 12. — PARIS-BELLEVILLE

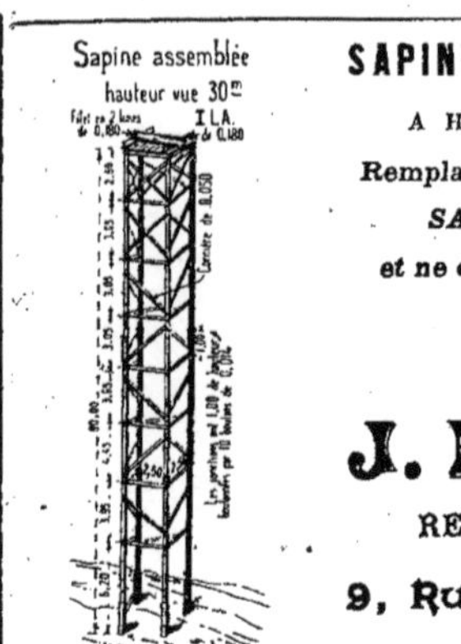

SAPINES MÉTALLIQUES

A HAUTEUR VARIABLE

Remplaçant avec avantage les

SAPINES EN BOIS

et ne coûtant pas plus cher

de location

J. NACUT

REPRÉSENTANT

9, Rue Chaudron, 9

PARIS

COURS DE CONSTRUCTION

PUBLIÉ SOUS LA DIRECTION DE

GUSTAVE OSLET

Ingénieur des Arts et Manufactures, chef de travaux graphiques à l'École Centrale, avec le concours d'Ingénieurs divers, de Professeurs, etc.

DIVISÉ EN 17 PARTIES, SAVOIR :

1re PARTIE. — Traité des matériaux de construction et leur emploi. — 1 volume broché........ 21 fr. »
2e PARTIE. — Traité de géodésie. — 1 volume broché...... 15 »
3e PARTIE. — Traité des fondations, mortiers et maçonneries, avec la théorie complète de la stabilité des murs en général et des murs de soutènement en particulier. — 1 volume broché........ 22 50
4e PARTIE. — 1e Traité de charpente en bois. — 1 vol. broché. 17 »
2e Traité de charpente en fer. — 1 volume broché.......... 26 »
3e Serrurerie, quincaillerie et charpentes diverses. 1 vol...... 30 »
5e PARTIE. — Traité de menuiserie. 3 vol. brochés. Ensemble. 50 »
6e PARTIE. — Traité de coupe des pierres (stéréotomie). — 1 volume broché........ 17 50
7e PARTIE. — Traité d'architecture. — 1e Histoire de l'Architecture. — 1 volume........ 16 »
2e Pratique de l'Architecture. — 1 volume........ 17 50
3e Types de constructions diverses { Habitations particulières. 18 »
{ Edifices publics et divers. 30 »
8e PARTIE. — Traité des ponts : ponts en pierre, viaducs, tunnels, ponts métalliques en bois et mixtes. — Études, avant-projets, stabilité, résistance, métrés, projets définitifs. — 1e Ponts en maçonnerie. — 2 volumes brochés........ 51 »
2e Ponts en charpente et métalliques. — 2 volumes brochés.. 51 fr.

9e PARTIE. — Traité des routes et chemins, des rivières navigables et canaux : études, avant-projets, travaux neufs et d'entretien. 3 vol. brochés. Ensemble........ 70
10e PARTIE. — Traité des chemins de fer : études, avant-projets, travaux neufs et travaux d'entretien (En cours).
11e PARTIE. — Traité des ports de mer : études, avant-projets, travaux neufs et travaux d'entretien 1 volume prix broché...... 30 »
12e PARTIE. — Traité d'hydraulique : alimentation et distribution d'eau, jaugeages, fontaines publiques. — 1 volume broché... 21 [illegible]
13e PARTIE. — Traité de l'organisation et de l'exploitation des mines (En cours).
14e PARTIE. — Clauses et conditions générales imposées aux entrepreneurs avec commentaire complet et programme détaillé pour la rédaction des projets (En préparation).
15e PARTIE. — Traité de couverture, plomberie : installations d'eau, de gaz, d'électricité, etc. (En cours).
16e PARTIE. — Traité de fumisterie, chaudronnerie, chauffage, ventilation. (En cours).
17e PARTIE. — Traité de peinture en bâtiment et de décoration. (En cours).
18e PARTIE. — Métré et attachements de terrasse, maçonneries, carrelage et ciments (En cours).

BAINS—BUANDERIES

BAIGNOIRES. — CHAUFFE-BAINS | **APPAREILS DE LESSIVAGE**

SPÉCIALITÉ DU CHAUFFE-BAINS PARISIEN | **LAVEUSES. — ESSOREUSES. — REPASSEUSES**

CUISINES A FEU ET A VAPEUR

DOUCHES

ENVOI FRANCO
DES CATALOGUES

SÉCHOIRS

CHAUFFAGES, AIR, EAU, VAPEUR

DELAROCHE Aîné, 22, Rue Bertrand. -- PARIS

TRAITÉ D'EXPLOITATION DES MINES

(*13e Partie du Cours de Construction*)

PAR

H. KUSS
Ingénieur en chef au corps des Mines,
Directeur de l'Ecole des Maîtres Mineurs de Douai.

L. FÈVRE
Ingénieur au corps des Mines.

PROGRAMME SOMMAIRE

CHAPITRE PREMIER

Aperçu de géologie minière. — Gîtes minéraux. — Divers modes de gisement. — Couches, filons, amas; gîtes détritiques. — Allure des gîtes, accidents qui les affectent. Exemples: combustibles, minéraux, gîtes métallifères stratifiés, sel gemme, matériaux de construction, filons et amas métallifères, alluvions aurifères, gîtes de pétrole.

CHAPITRE II

Recherche des mines. — Importance de l'étude géologique de la région. — Organisation des travaux de recherche.

CHAPITRE III

Sondages. — Outils de forage, d'alésage, de curage, de prise d'échantillons. — Sondages à la tige, à la corde, au diamant.

CHAPITRE IV

Procédés d'abatage. — Outils du mineur; explosifs, leur emploi. — Perforation mécanique; perforatrices à air comprimé, électriques.

CHAPITRE V

Percement et soutènement des galeries; fonçage des puits. — Boisage, muraillement, blindage, cuvelage des puits. — Fonçage à niveau bas, à niveau plein. — Emploi de la congélation.

CHAPITRE VI

Méthodes d'exploitation. — Exploitation par piliers abandonnés. — Exploitation des filons. — Méthodes applicables aux couches minces, aux couches moyennes, aux couches puissantes. — Exploitations à ciel ouvert.

CHAPITRE VII

Transports souterrains. — Voi. — Matériel roulant — Traction.

CHAPITRE VIII

Extraction. — Matériel d'extraction, câbles, moteurs.

CHAPITRE IX

Aérage. — Atmosphère des mines. — Grisou. — Poussières. — Ventilation. — Aménagement des courants. — Aérage naturel, par foyers mécaniques. — Ventilateurs de divers types.

CHAPITRE X

Eclairage. — Lampes ordinaires, lampes de sûreté. — Indicateurs de grisou.

CHAPITRE XI

Epuisement. — Galeries d'assèchement, pompes de mines.

CHAPITRE XII

Circulation du personnel. — Accidents. — Sauvetage.

CHAPITRE XIII

Préparation mécanique. — Triage, lavage; fabrication des agglomérés; fabrication du coke.

CHAPITRE XIV

Législation et réglementation. — Organisation du travail.

CHAPITRE XV

Appendice sur la topographie souterraine.

NOTE DE L'ÉDITEUR

Le Cours de Construction paraît à raison de dix livraisons chaque mois; les 9 premières et la 12e partie sont complètement parues. Les 10e, 11e 13e et 15e parties sont en cours de publication.

Pour les paiements, on règle à raison de 5 francs en une quittance par la poste, après 10 livraisons reçues ou au comptant. Les diverses parties du *Cours* peuvent être prises séparément. Demander le catalogue qui donne le programme détaillé de chaque partie.

Pour souscrire, détacher le bulletin ci-dessous après l'avoir préalablement rempli et signé et l'adresser à M. Georges FANCHON, 25, rue de Grenelle, Paris.

N.-B. — On peut se procurer les parties déjà parues ou en cours à raison de 5 fr. par mois pour 100 francs ou fraction de 100 francs. — Demander le catalogue.

Je soussigné .... profession de ....

demeurant à .... rue .... n° .... département d ....

.... déclare souscrire à ....

aux conditions suivantes : ....

E. MOUREL-MAILLARD

Métreur-attacheur spécialiste en Maçonnerie

ATTACHEMENTS FIGURÉS. — DEVIS. — PLANS. — PROJETS

AUTEUR DU *TRAITÉ DE MÉTRÉ*

PARIS. — 12, Rue Mélingue, 12. — PARIS-BELLEVILLE

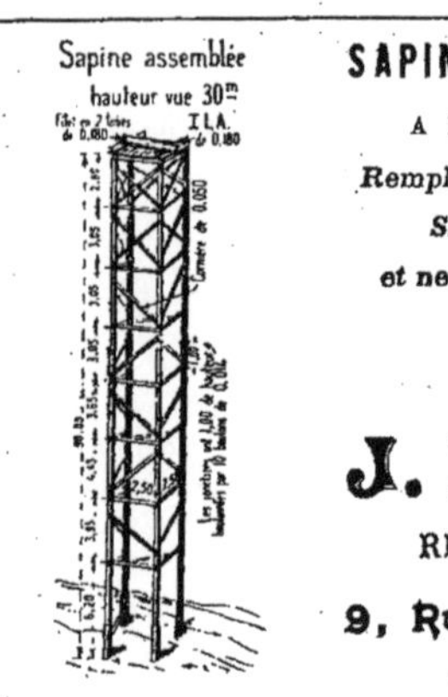

SAPINES MÉTALLIQUES

A HAUTEUR VARIABLE

Remplaçant avec avantage les
SAPINES EN BOIS
et ne coûtant pas plus cher
de location

J. NACUT

REPRÉSENTANT

9, Rue Chaudron, 9

PARIS

COURS DE CONSTRUCTION

PUBLIÉ SOUS LA DIRECTION DE

GUSTAVE OSLET

Ingénieur des Arts et Manufactures, chef de travaux graphiques à l'École Centrale, avec le concours d'Ingénieurs divers, de Professeurs, etc.

DIVISÉ EN 17 PARTIES, SAVOIR :

1re PARTIE. — Traité des matériaux de construction et leur emploi. — 1 volume broché........ 21 fr. »

2e PARTIE. — Traité de géodésie. — 1 volume broché...... 15 »

3e PARTIE. — Traité des fondations, mortiers et maçonneries, avec la théorie complète de la stabilité des murs en général et des murs de soutènement en particulier. — 1 volume broché........ 22 50

4e PARTIE. — 1° Traité de charpente en bois. — 1 vol. broché. 17 »

2° Traité de charpente en fer. — 1 volume broché.......... 26 »

3° Serrurerie, quincaillerie et charpentes diverses. 1 vol..... 30 »

5e PARTIE. — Traité de menuiserie. 3 vol. brochés. Ensemble. 50 »

6e PARTIE. — Traité de coupe des pierres (stéréotomie). — 1 volume broché........ 17 50

7e PARTIE. — Traité d'architecture. — 1° Histoire de l'Architecture. — 1 volume........ 16 »

2° Pratique de l'Architecture. — 1 volume........ 17 50

3° Types de constructions diverses { Habitations particulières. 18 » / Edifices publics et divers. 30 »

8e PARTIE. — Traité des ponts : ponts en pierre, viaducs, tunnels, ponts métalliques en bois et mixtes. — Etudes, avant-projets, stabilité, résistance, métrés, projets définitifs. — 1° Ponts en maçonnerie. — 2 volumes brochés........ 51 »

2° Ponts en charpente et métalliques. — 2 volumes brochés.. 51 fr.

9e PARTIE. — Traité des routes et chemins, des rivières navigables et canaux : études, avant-projets, travaux neufs et d'entretien. 3 vol. brochés. Ensemble........ 70

10e PARTIE. — Traité des chemins de fer : études, avant-projets, travaux neufs et travaux d'entretien (En cours).

11e PARTIE. — Traité des ports de mer : études, avant-projets, travaux neufs et travaux d'entretien 1 volume prix broché...... 30 »

12e PARTIE. — Traité d'hydraulique : alimentation et distribution d'eau, jaugeages, fontaines publiques. — 1 volume broché... 21 50

13e PARTIE. — Traité de l'organisation et de l'exploitation des mines (En cours).

14e PARTIE. — Clauses et conditions générales imposées aux entrepreneurs avec commentaire complet et programme détaillé pour la rédaction des projets (En préparation).

15e PARTIE. — Traité de couverture, plomberie : installations d'eau, de gaz, d'électricité, etc. (En cours).

16e PARTIE. — Traité de fumisterie, chaudronnerie, chauffage, ventilation. (En cours).

17e PARTIE. — Traité de peinture en bâtiment et de décoration. (En cours).

18e PARTIE. — Métré et attachements de terrasse, maçonneries, carrelage et ciments (En cours).

BAINS — BUANDERIES

BAIGNOIRES. — CHAUFFE-BAINS
SPÉCIALITÉ DU CHAUFFE-BAINS PARISIEN

APPAREILS DE LESSIVAGE
LAVEUSES. — ESSOREUSES. — REPASSEUSES

CUISINES A FEU ET A VAPEUR

DOUCHES

ENVOI FRANCO DES CATALOGUES

SÉCHOIRS

CHAUFFAGES, AIR, EAU, VAPEUR

DELAROCHE Aîné, 22, Rue Bertrand. — PARIS

Tours. — Imprimerie DESLIS Frères, rue Gambetta.

PROGRAMME SUCCINCT

TRAITÉ DE PERSPECTIVE

Par G. **TUBEUF**, Architecte. Ancien élève de l'École des Beaux-Arts.

PRÉLIMINAIRES

Objet de la perspective. — Définitions. — Exposé des diverses méthodes.

CHAPITRE PREMIER

PERSPECTIVE DES PLANS

§ I. — *Principes de perspective.* — Coordonnées perspectives. — Lignes de front. — Lignes fuyantes. — Figures situées dans des plans de front. — Du géométral et du tableau.

§ II. — *Perspective d'une droite géométrale.* — Positions particulières des droites. — Points de fuite accidentels. — Points de distance principaux ou accidentels. — Problèmes d'exercices divers dont la résolution n'implique pas la connaissance des points principaux. — Problèmes d'exercices exigeant la connaissance des points de fuite et de distance. Différentes méthodes.

§ III. — *Construction sur le géométral par relèvement.* — Problèmes.

§ IV. — *Des cercles horizontaux.* — Tracé perspectif des cercles horizontaux. — Cas particuliers. — Problèmes.

§ V. — *Graticolage.* — De la mise au carreau.

CHAPITRE II

PERSPECTIVE DES ÉLÉVATIONS

§ I. — *Principe des hauteurs.* — Echelle des hauteurs. — Perspective des figures situées dans des plans verticaux. — Applications diverses.

§ II. — *Perspective directe.* — D'un point. — D'une droite. — Intersections de droites avec les plans. — De plans entre eux, obtenus directement. — Perspective directe des intersections de moulures rectilignes et curvilignes. — Applications aux corniches et aux frontons.

§ III. — *Images d'optique.* — Images par réflexion. — Loi de la réflexion. — Réflexion par une nappe d'eau. — Réflexion par des miroirs. — Point de fuite et ligne de fuite des images. — Renversement de la ligne d'horizon. — Images par réfraction.

§ IV. — *Des ombres.* — Principes des ombres sur plan horizontal et sur plan vertical. — Ombre des polyèdres, des prismes, des pyramides, d'un perron. — Applications diverses. — Ombres portées ou reçues par des surfaces courbes. — Applications au cône, au cylindre. — Voûte en berceau, arcade, niche.

§ V. — *Effets de perspective.* — Problème inverse de perspective ou restitution. — Recherche de la ligne d'horizon. — Restitution du point principal et du point de distance. — Restitution de divers objets simples; d'édifices présentés par des vues obliques, d'édifices situés dans des plans de front.

§ VI. — *Dérogation aux règles de la perspective.* — Dérogations relatives aux surfaces courbes. — Des procédés pratiqués par les peintres pour représenter les corps dont les surfaces sont courbes. — Considérations géométriques sur les dérogations relatives au contour apparent des figures. — Choix du point de vue et du point de distance, leur position.

§ VII. — *Contours apparents et lignes d'ombre.* — Du contour apparent des surfaces. — Applications à un piédouche. — Lignes d'ombre des surfaces. — Application à un tore.

§ VIII. — *Appareils délinéateurs et appareils d'optique.* — Généralités. — Diagraphe. — Té brisé. — Chambre noire. — Chambre claire.

§ IX. — *Dessin d'après nature.* — Appréciation des rapports des inclinaisons, de la hau r d'horizon. — Des cercles et de leur division dans le dessin d'après nature. — Exemples.

CHAPITRE III

PERSPECTIVE AÉRIENNE

Observations sur la perspective aérienne. — Atmosphère, sa densité, sa couleur, azur du ciel. — Ciel pur, son apparence concave. — Fumée, brouillards. — Nuages, arcs-en-ciel. — Reflets, contours vagues des objets éloignés. — Eaux calmes, eaux tombantes. — Lointains. — Soleil couchant.

CHAPITRE IV

PERSPECTIVE DE CONVENTION

§ I. — *Des perspectives de convention.* — Perspective cavalière, rapport de réduction. — Exemples. — Perspective axonométrique. — Echelle et rapports. — Exemples. — Perspective isométrique, rapports et exemples.

§ II. — *Cas particuliers de perspective.* — Tableaux courbes — Panoramas. — Plafonds. — Théorie de la perspective des bas-reliefs. — Parallèle des bas-reliefs avec le dessin et la ronde-bosse sous le rapport de la perspective.

§ III. — *Décoration théâtrale.* — Définition. — Construction spéciale aux châssis obliques. — Etablissement d'une décoration. — Plantation des châssis. — Châssis de front. — Châssis obliques. — Fermes. — Plafonds. — Rideaux de fond. — Petits rideaux. — Plantations à l'italienne. — Décoration fermée

---

NOTE DE L'ÉDITEUR

Le Cours de Construction paraît à raison de dix livraisons chaque mois; les 9 premières, la 11ᵉ et la 12ᵉ partie sont complètement parues. Les 10ᵉ, 13ᵉ et 15ᵉ parties sont en cours de publication.

Pour les paiements, on règle à raison de 5 francs en une quittance par la poste, après 10 livraisons reçues ou au comptant. Les diverses parties du *Cours* peuvent être prises séparément. Demander le catalogue qui donne le programme détaillé de chaque partie.

Pour souscrire, détacher le bulletin ci-dessous après l'avoir préalablement rempli et signé et l'adresser à M. Georges FANCHON, 25, rue de Grenelle, Paris.

N.-B. — On peut se procurer les parties déjà parues ou en cours à raison de 5 fr. par mois pour 100 francs ou fraction de 100 francs. — Demander le catalogue.

Je soussigné.. profession de..

demeurant à...rue.......................................nº.............département d..........

.... déclare souscrire à..

aux conditions suivantes : ....

E. MOUREL-MAILLARD

Métreur spécial en Maçonneries

ATTACHEMENTS FIGURÉS. — DEVIS. — PLANS. — PROJETS

AUTEUR DU *TRAITÉ DE MÉTRÉ*

PARIS. — 79, Rue de la Chapelle, 79. — PARIS

GEORGES FANCHON, ÉDITEUR

25, RUE DE GRENELLE, PARIS

COURS DE CONSTRUCTION

PUBLIÉ SOUS LA DIRECTION DE

GUSTAVE OSLET

Ingénieur des Arts et Manufactures, chef de travaux graphiques à l'École Centrale, avec le concours d'Ingénieurs divers, de Professeurs, etc.

DIVISÉ EN 17 PARTIES, SAVOIR :

1re PARTIE. — Traité des matériaux de construction et leur emploi. — 1 volume broché........ **21** fr. »

2e PARTIE. — Traité de géodésie. — 1 volume broché...... **15** »

3e PARTIE. — Traité des fondations, mortiers et maçonneries, avec la théorie complète de la stabilité des murs en général et des murs de soutènement en particulier. — 1 volume broché........ **22** **50**

4e PARTIE. — 1° Traité de charpente en bois. — 1 vol. broché. **17** »

2° Traité de charpente en fer. — 1 volume broché.......... **26** »

3° Serrurerie, quincaillerie et charpentes diverses. 1 vol..... **30** »

5e PARTIE. — Traité de menuiserie. 3 vol. brochés. Ensemble. **50** »

6e PARTIE. — Traité de coupe des pierres (stéréotomie). — 1 volume broché........ **17** **50**

7e PARTIE. — Traité d'architecture. — 1° Histoire de l'Architecture. — 1 volume........ **16** »

2° Pratique de l'Architecture. — 1 volume........ **17** **50**

3° Types de constructions diverses { Habitations particulières. **18** »
Edifices publics et divers. **30** »

8e PARTIE. — Traité des ponts : ponts en pierre, viaducs, tunnels, ponts métalliques en bois et mixtes. — Études, avant-projets, stabilité, résistance, métrés, projets définitifs. — 1° Ponts en maçonnerie. — 2 volumes brochés........ **51** »

2° Ponts en charpente et métalliques. — 2 volumes brochés.. **51** fr. »

9e PARTIE. — Traité des routes et chemins, des rivières navigables et canaux : études, avant-projets, travaux neufs et d'entretien. 3 vol. brochés. Ensemble........ **76** »

10e PARTIE. — Traité des chemins de fer : études, avant-projets, travaux neufs et travaux d'entretien (En cours).

11e PARTIE. — Traité des ports de mer : études, avant-projets, travaux neufs et travaux d'entretien 1 volume prix broché...... **30** »

12e PARTIE. — Traité d'hydraulique : alimentation et distribution d'eau, jaugeages, fontaines publiques. — 1 volume broché... **21** **50**

13e PARTIE. — Traité de l'organisation et de l'exploitation des mines (En cours).

14e PARTIE. — Clauses et conditions générales imposées aux entrepreneurs avec commentaire complet et programme détaillé pour la rédaction des projets (En préparation).

15e PARTIE. — Traité de couverture, plomberie : installations d'eau, de gaz, d'électricité, etc. (En cours).

16e PARTIE. — Traité de fumisterie, chaudronnerie, chauffage, ventilation. (En préparation).

17e PARTIE. — Traité de peinture en bâtiment et de décoration. (En cours).

18e PARTIE. — Métré et attachements de terrasse, maçonneries, carrelage et ciments (En cours).

Envoi franco du catalogue contenant le programme détaillé de chaque partie.

TRAITÉ DE MÉCANIQUE

THÉORIQUE ET PRATIQUE

Publié sous la direction de

L. ARNAL

Ingénieur des Arts et Manufactures, professeur aux Écoles municipales supérieures et à l'Association polytechnique.

Ouvrage récemment terminé et comprenant 4 volumes. Ensemble. Prix........ **75** francs.

1re PARTIE : Statique. / 2e PARTIE : Cinématique. — 1 volume broché........ **18** francs

3e PARTIE : Dynamique. / 4e PARTIE : Hydraulique. — 1 volume broché........ **16** »

5e PARTIE : Statique graphique. / 6e PARTIE : Résistance des matériaux. — 1 volume broché.... **16** »

7e PARTIE : Chaudières à vapeur. / 8e PARTIE : Machines à vapeur. / 9e PARTIE : Moteurs à gaz et divers. / 10e PARTIE : Machines thermiques diverses. — 1 volume broché. **25** francs

---

BAINS—BUANDERIES

BAIGNOIRES. — CHAUFFE-BAINS
SPÉCIALITÉ DU CHAUFFE-BAINS PARISIEN

APPAREILS DE LESSIVAGE.
LAVEUSES. — ESSOREUSES. — REPASSEUSES

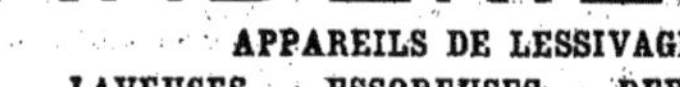

CUISINES A FEU ET A VAPEUR

DOUCHES

SÉCHOIRS

CHAUFFAGES, AIR, EAU, VAPEUR

DELAROCHE Aîné, 22, Rue Bertrand. -- PARIS

Tours. — Imprimerie DESLIS Frères, rue Gambetta, 6.

www.ingramcontent.com/pod-product-compliance
Ingram Content Group UK Ltd.
Pitfield, Milton Keynes, MK11 3LW, UK
UKHW021941200726
13856UKWH00005B/1253

9 782013 477406